essentials

essentials liefern aktuelles Wissen in konzentrierter Form. Die Essenz dessen, worauf es als „State-of-the-Art" in der gegenwärtigen Fachdiskussion oder in der Praxis ankommt. *essentials* informieren schnell, unkompliziert und verständlich

- als Einführung in ein aktuelles Thema aus Ihrem Fachgebiet
- als Einstieg in ein für Sie noch unbekanntes Themenfeld
- als Einblick, um zum Thema mitreden zu können

Die Bücher in elektronischer und gedruckter Form bringen das Expertenwissen von Springer-Fachautoren kompakt zur Darstellung. Sie sind besonders für die Nutzung als eBook auf Tablet-PCs, eBook-Readern und Smartphones geeignet. *essentials:* Wissensbausteine aus den Wirtschafts-, Sozial- und Geisteswissenschaften, aus Technik und Naturwissenschaften sowie aus Medizin, Psychologie und Gesundheitsberufen. Von renommierten Autoren aller Springer-Verlagsmarken.

Weitere Bände in der Reihe http://www.springer.com/series/13088

Gernot Schiefer · Hanna Nitsche

Die Rolle der Führungskraft in agilen Organisationen

Wie Führungskräfte und Unternehmen jetzt umdenken sollten

Gernot Schiefer
Wirtschaftspsychologie
FOM Hochschule für Oekonomie
und Management
Saarbrücken, Deutschland

Hanna Nitsche
Wirtschaftspsychologie
FOM Hochschule für Oekonomie
und Management
Mannheim, Deutschland

ISSN 2197-6708   ISSN 2197-6716   (electronic)
essentials
ISBN 978-3-658-27436-8   ISBN 978-3-658-27437-5   (eBook)
https://doi.org/10.1007/978-3-658-27437-5

Die Deutsche Nationalbibliothek verzeichnet diese Publikation in der Deutschen Nationalbibliografie; detaillierte bibliografische Daten sind im Internet über http://dnb.d-nb.de abrufbar.

Springer ist ein Imprint der eingetragenen Gesellschaft Springer Fachmedien Wiesbaden GmbH und ist ein Teil von Springer Nature.
Die Anschrift der Gesellschaft ist: Abraham-Lincoln-Str. 46, 65189 Wiesbaden, Germany

Was Sie in diesem *essential* finden können

- Wie Führungskräfte ihre Mitarbeiter in agilen Organisationen erfolgreich führen
- Die größten Hindernisse, die die praktische Umsetzung agiler Personalführung in Organisationen für Führungskräfte erschweren
- Wie Führungskräfte im Kontext agiler Personalführung unternehmensintern unterstützt und begleitet werden sollten

Inhaltsverzeichnis

Einflüsse eines agilen Mindsets auf die Führungsrolle

1

1.1 Die Notwendigkeit von Agilität in Unternehmen und die Auswirkungen auf Führung

Die heutige Arbeitswelt ist geprägt von einem unsicheren, komplexen und volatilen Marktumfeld. Unternehmen sind Teil eines betrieblichen Umfeldes, welches von stetigem Wandel gekennzeichnet ist. Innerhalb kürzester Zeit müssen Unternehmen adäquat auf neue Marktentwicklungen, Konkurrenzaktivitäten und Kundenanforderungen reagieren, während gleichzeitig die unternehmerische Planbarkeit abnimmt (Olbert et al. 2017, S. 5; Ramsauer et al. 2017, S. 7). Dies verlangt nach Innovationen, kurzen Reaktionszeiten, schnellen Entscheidungen und flexiblen Lösungen, die immer wieder neu angepasst werden müssen. Um Unsicherheiten erfolgreich zu begegnen, ist es notwendig, dass sich Unternehmen auf diese Marktbedingungen einstellen und dafür intern entsprechende Rahmenbedingungen schaffen. Es ist essenziell, dass sie ein hohes Maß an Flexibilität und Anpassungsfähigkeit gewährleisten und damit ihre Agilität ausbauen. Nur so bleiben Unternehmen wettbewerbsfähig (Ramsauer et al. 2017, S. 7; Stöger 2018, S. 29). Die Ausrichtung des Unternehmens wirkt sich unmittelbar auf die Anforderungen an Mitarbeiter*innen aus (Furtner und Baldegger 2016, S. 2). Die Märkte verlangen nach einer Flexibilisierung der Mitarbeiter*innen; diese müssen in der Lage sein, mit komplexen Herausforderungen umzugehen, und Reflexion, Neugier und Initiative zu entwickeln (Kotrba und Miarka 2017, S. 7; Riedel 2017, S. 144). Zusätzlich steigen die Erwartungen an die Eigenverantwortung und Entscheidungsfähigkeit des Einzelnen. Dies stellt Unternehmen insbesondere im Bereich der Mitarbeiterführung vor große Herausforderungen, die mit einem Umdenken auf den Führungsebenen verbunden sowie an einen kulturellen Wandel gekoppelt sind (Anderson und Uhlig 2015, S. 270 f.; Kindler 2016; Rose 2017, S. 10; Schneck 2018, S. 4; Weiler et al. 2018, S. 35 f.).

© Springer Fachmedien Wiesbaden GmbH, ein Teil von Springer Nature 2019
G. Schiefer und H. Nitsche, *Die Rolle der Führungskraft in agilen Organisationen*, essentials, https://doi.org/10.1007/978-3-658-27437-5_1

1

Agilität ist die höchste Form der Anpassungsfähigkeit und beschreibt die Fähigkeit von Unternehmen, sich schnell und effektiv auf neue Gegebenheiten einzustellen und Anforderungen entsprechend umzusetzen sowie sich proaktiv auf Veränderungen vorzubereiten (Olbert et al. 2017, S. 6 ff.; Ramsauer et al. 2017, S. 19). Durch diese Anpassungsfähigkeit und Flexibilität sind Unternehmen in der Lage, kompetent auf externe Entwicklungen zu reagieren, indem damit verbundene interne Prozesse schnell und gezielt koordiniert werden. Auf Basis agiler Prinzipien werden Ziele schneller und unbürokratischer erreicht als in Unternehmen mit klassischen Strukturen (Miebach 2017, S. 485 ff.; Scherber und Lang 2015, S. 3, 13 f.). Agilität geht über rein reaktive Anpassungen hinaus. Agile Organisationen sind durch ihr innovatives Denken in der Lage, proaktiv im Markt zu agieren und sich Unternehmenserfolg dadurch langfristig zu sichern. Je besser eine Organisation auf Agilität ausgerichtet ist, desto wirkungsvoller kann sie neue Situationen im Vergleich zur Konkurrenz für sich nutzen (Anderson und Uhlig 2015, S. 261 f.; Fischer 2016, S. 1; Hackl und Gerpott 2015, S. 53 ff.). Es wurde ein deutlicher Zusammenhang zwischen Agilität und unternehmerischem Erfolg nachgewiesen (Olbert et al. 2017, S. 3, 5, 9 ff.). Agilität ist damit eine Antwort auf fluide Marktanforderungen und ein möglicher Ansatz mit dem stetigen Wandel umzugehen. Zugleich ist es eine Chance für Unternehmen sich zu positionieren und Wettbewerbsvorteile zu erzielen (Scherber und Lang 2015, S. 13 f.; Weiler et al. 2018, S. 12 f., 15). Dabei geht es nicht um eine einmalige Anpassung, sondern um einen tiefgreifenden Veränderungsprozess, der auf eine nachhaltige Erfolgssicherung abzielt (Fox 2017, S. 241). Dafür ist es notwendig, Agilität in vielen verschiedenen Unternehmensbereichen zu verankern und Agilität als festen Bestandteil der Unternehmens- und Führungskultur zu verstehen. Denn Agilität lässt sich nicht nur in der klassischen Wertschöpfungskette oder in der Gestaltung der Organisationsstrukturen umsetzen, sondern betrifft ebenso den Wandel der Unternehmenskultur sowie den Rollenwechsel der Führungskräfte (Fox 2017, S. 255; Ramsauer et al. 2017, S. 20; Scherber und Lang 2015, S. 13 f.; Seitz 2018). Es ist nicht ausreichend, sich ausschließlich auf die Einführung von agilen Methoden wie den populären Scrum-Ansatz zu konzentrieren (Häusling et al. 2018, S. 12, 21; Olbert et al. 2017, S. 9). Es geht vielmehr darum, Agilität in die innere Haltung einer Organisation zu bringen, damit beteiligte Mitarbeiter*innen die agilen Prinzipien adaptieren und danach handeln. Entscheidend für die praktische Umsetzung sind neben den passenden Rahmenbedingungen die Menschen, die in einer Organisation arbeiten. Deshalb ist es bedeutend, sie in die Entwicklungen miteinzubeziehen. Für die konsequente

Umsetzung agiler Grundsätze in der Praxis sind die Etablierung und Ausgestaltung einer entsprechenden Kultur sowie entsprechender Führungsprinzipien essenziell, um den Mitarbeiter*innen ein Verständnis für agiles Arbeiten zu vermitteln und die Chancen aufzuzeigen, die sich dadurch auftun (Geschwill und Nieswandt 2016, S. 71; Ramsauer et al. 2017, S. 26, 266 f., 278 f.; Schuler und Sonntag 2007, S. 316 ff.; Seitz 2018).

Dies hat Auswirkungen auf die Rolle der Führungskraft und ihre Sicht auf Führung. Es ergeben sich neue Anforderungen, da Agilität mit einem Wandel von Werten und Einstellungen einhergeht, die sich auch auf die Beziehung und Zusammenarbeit zwischen Führungskraft und Mitarbeiter*in auswirken. In der Unternehmensrealität nehmen Führungskräfte das eigene Unternehmen häufig noch sehr träge wahr, da die Organisation von langen Entscheidungswegen, hierarchischem Denken und mangelnder Selbstverantwortung der Organisationsmitglieder geprägt ist. Diese Aspekte erschweren eine agile Arbeitsweise. Führungskräfte werden zukünftig in die Pflicht genommen, Veränderungsprozesse im Rahmen ihrer Führungsrolle aktiv mitzugestalten und sie im eigenen Team voranzutreiben. Jedoch sollten sie bei diesen Herausforderungen unterstützt werden und die Aufgabe in die Organisation eingebettet sein, um den Führungskräften die Umsetzung zu erleichtern (Häusling et al. 2018, S. 12, 15). Es ist essenziell, dass die Führungskräfte die neuen Werte selbst verinnerlichen, um in der Lage zu sein sie ihren Mitarbeiter*innen vorzuleben und sie von dem Ansatz zu überzeugen. Denn die Führungskraft ist genauso Teil der sich wandelnden Organisation wie die ihr unterstellten Mitarbeiter*innen und daher ebenfalls in einem Entwicklungsprozess (Claushues und Hurtz 2017, S. 146 f., 294). Durch ihr eigenes Verhalten kann die Führungskraft ihre Mitarbeiter*innen dazu ermutigen, umzudenken und bisherige Denk- und Verhaltensweisen anzupassen. Es ist unabdingbar, dass der Ansatz von Agilität zunächst von den Mitarbeiter*innen verstanden und akzeptiert werden muss, bevor sie ihr Handlungsspektrum danach ausrichten können (Borgert 2016; Geschwill und Nieswandt 2016, S. 26; Redmann 2017, S. 36). Die agile Arbeitsweise ergibt sich vor allem aus inneren Motiven und einer entsprechenden Haltung, die Führungskräfte in ihrer neuen Rolle bei den Mitarbeiter*innen hervorrufen (Borgert 2016; Fox 2017, S. 232). Führungskräfte haben eine Vorbildfunktion inne (Au 2017, S. 116; Rutz 2017). Es ist zu bedenken, dass diese Anforderungen möglicherweise stark von dem bisherigen Führungsverhalten und der eigenen Sicht auf Führung abweichen. Insbesondere wenn Führungskräfte aus einem klassischen, hierarchisch geprägten Unternehmensumfeld kommen, in dem sie in erster Linie Fachexpert*innen sind, ist die neue Rolle mit einer großen Umstellung verbunden (Häusling et al. 2018, S. 15; Rutz 2017).

1.2   Die Bedeutung eines agilen Mindsets

Die Wurzeln von Agilität liegen ursprünglich im Bereich der Softwareentwicklung. Softwareentwickler*innen stellten in der Vergangenheit wiederholt fest, dass ein Produkt bei Fertigstellung zwar dem ursprünglichen Projektplan, aber nicht mehr den Markt- und Kundenanforderungen entsprach, die sich in der Zwischenzeit geändert hatten. Durch fehlende Anpassung und mangelnde Flexibilität wurden Zeit, Geld und Motivation fehlinvestiert (Agilemanifesto 2001a, b; Appelo 2011, S. 19 ff.). Mittlerweile ist klar, dass Agilität branchenübergreifend für alle Unternehmen relevant ist, die in einem unbeständigen Marktumfeld agieren, welches eine ständige und schnelle Anpassung der Unternehmensaktivitäten erfordert (Lippmann 2013b, S. 2; Redmann 2017, S. 18 ff.). Daher wird Agilität inzwischen losgelöst von der IT-Branche als Antwort auf die Diskrepanz zwischen der tatsächlichen Anpassungsfähigkeit und der notwendigen Reaktionsfähigkeit von Organisationen im dynamischen Wirtschaftskontext gesehen (Fox 2017, S. 231; Lippmann 2013b, S. 2).

Unternehmen beginnen oftmals damit, sich agile Methoden wie Scrum anzueignen und gehen irrtümlicherweise davon aus, dass sie sich auf diese Weise zu einer agilen Organisation entwickeln (Häusling et al. 2018, S. 21). Neben Scrum wird Agilität ebenso mit dem Lockern von starren, bürokratischen Organisationsstrukturen in Verbindung gebracht, was ebenfalls als erfolgversprechend gilt (Fox 2017, S. 231 f.; Olbert et al. 2017, S. 9). Jedoch ist nach einer gewissen Zeit eine Stagnation spürbar. Der erwartete Erfolg oder die Produktivität und Motivation der Mitarbeiter*innen nehmen nicht oder nicht weiter im gewünschten Maße zu. Dies ist darauf zurückzuführen, dass neben konkreten Methoden und Strukturen keine weiteren Dimensionen im Unternehmen Beachtung finden und Agilität nicht weitreichend genug in das Unternehmen hineingetragen wird. Es wird zwar eine kurzfristige Veränderung geschaffen, doch agile Grundsätze als richtungsweisende Faktoren, die der Unternehmensausrichtung nachhaltig dienen, werden nicht verankert (Borgert 2016; Fox 2017, S. 231 f.; Häusling et al. 2018, S. 21; Weiler et al. 2018, S. 33). Diese sind für die maximale Wirksamkeit von Agilität jedoch essentiell (Borgert 2016; Fox 2017, S. 232; Häusling et al. 2018, S. 21). Dadurch besteht die Gefahr, dass Organisationen den Versuch als gescheitert erachten, wieder zu ihren gewohnten Methoden und alten Strukturen zurückkehren und der Begriff Agilität damit als verbrannt gilt (Borgert 2016).

Der Kern von Agilität sind neue Denkweisen, Einstellungen und Prinzipien der eigenen Arbeit und der Zusammenarbeit mit anderen Organisationsmitgliedern (Häusling et al. 2018, S. 9). Agilität kann in Bezug auf Führung nicht als Führungsstil oder Managementtool gesehen werden, das eingeführt wird und zu einem späteren Zeitpunkt als abgeschlossen gilt, denn Agilität setzt nicht beim Handeln der Mitarbeiter*innen an, sondern bei ihrer Denkweise und Haltung (Hofert 2018, S. 33; Scheller 2017, S. 109 ff.). Damit ist gemeint, dass die Basis von Agilität ein Wertewandel ist, der im Kopf stattfindet. Es besteht ein Unterschied zwischen dem Anwenden von agilen Methoden und agilem Denken. Das agile Handeln entsteht aus dem agilen Denken, denn das Handeln oder Nicht-Handeln von Mitarbeiter*innen basiert auf ihren Einstellungen (Adkins 2010, S. 7 f.; Borgert 2016; Hofert 2018, S. 8; Scheller 2017, S. 109 f., 114 f., 213). Agile Methoden und Prozesse gründen auf agilen Werten und unterscheiden sich von Managementtrends, in denen es hauptsächlich um das Erlernen neuer Führungstechniken im Rahmen des bisherigen Mindsets geht (Borgert 2016; Häusling et al. 2018, S. 9; Hofert 2018, S. 2; Scheller 2017, S. 114). Für die erfolgreiche und nachhaltige Implementierung von Agilität ist es entscheidend, beim Mindset der Mitarbeiter*innen anzusetzen und damit eine Veränderung der inneren Grundhaltung zu initiieren (Fox 2017, S. 240; Scheller 2017, S. 107, 114 f.). Die Einstellung ist ausschlaggebend, während die Umsetzung neuer oder anderer Tools nur eine Ergänzung darstellt (Borgert 2016; Hofert 2018, S. 28). Der Erfolg des Unternehmens hängt von den Mitarbeiter*innen ab, die aus inneren Haltungen heraus agil handeln (Anderson und Uhlig 2015, S. 269; Ramsauer et al. 2017, S. 26, 278 f.). Die Basis, auf der Mitarbeiter*innen arbeiten, Entscheidungen treffen, sich motivieren und weiterentwickeln, ist eine starke Identifikation mit der Philosophie des Unternehmens. Daher kann Führung nicht losgelöst von der Unternehmenskultur gesehen werden. Die Werte der Unternehmenskultur bilden wiederum für Führungskräfte die Grundlage ihres Führungsverständnisses. Da Einstellungen viel tiefer verankert sind als Prozesse oder Instrumente, sind sie weitreichender und wirkungsvoller. Zugleich braucht es mehr Einsatz und Zeit, um sie zu verankern. Die Mitarbeiter*innen einer Organisation müssen von den agilen Werten des Unternehmens überzeugt sein und sich selbst in der Unternehmens- und Führungskultur wiederfinden, damit sie diese in ihr persönliches Mindset aufnehmen und letztlich ihre Arbeitsweise dadurch bestimmt wird. Im Zuge dessen entsteht im Idealfall ein starker innerer Handlungsantrieb, gepaart mit intrinsischer Motivation auf Basis einer gemeinsamen Identität (Borgert 2016; Fox 2017, S. 232; Lasnia und Nowotny 2018, S. 82). Es ist notwendig, ein Bewusstsein bei den Mitarbeiter*innen zu entwickeln, welches sie ermutigt, die neuen Formen der Zusammenarbeit zu nutzen und die Vorteile zu erkennen, die sich im Kontext von Agilität ergeben (Borgert 2016; Fox 2017, S. 232; Häusling et al. 2018, S. 12; Olbert et al. 2017, S. 3, 9). Dies bildet sowohl den Grundrahmen für zwischenmenschliche Beziehungen im betrieblichen Kontext als auch für dynamische unternehmerische Handlungen (Fox 2017, S. 240 ff.). Daher ist es von großer Bedeutung, dass die Werte, auf denen Agilität basiert, als Grundlage für die Umsetzung agiler Mitarbeiterführung in der Praxis anerkannt werden und Führungskräfte ein Verständnis dafür entwickeln (Hofert 2016, S. 83 f.).

Agile Personalführung als Erfolgsfaktor in Unternehmen

Mit Agilität geht einher, dass Mitarbeiter*innen unternehmerisch denken, eigene Ideen und Lösungsansätze entwickeln, sich aktiv einbringen und selbständig arbeiten (Ramsauer et al. 2017, S. 279). Um die Mitarbeiter*innen darin zu bestärken, ist es notwendig, dass die Führungskraft sie zu eigenen Entscheidungen bemächtigt. Die Übertragung von Verantwortung und Entscheidungsbefugnis wird als Empowerment bezeichnet (Groth o. J.; Ramsauer et al. 2017, S. 279 f.; Scherber und Lang 2015, S. 17 f.). Dies bringt den Nutzen mit sich, dass Organisationsmitglieder zur Entscheidungsfindung nicht mehrere Hierarchieebenen hinzuziehen und die diversen Optionen nicht lange auf mehreren Ebenen diskutiert werden müssen. Die Mitarbeiter*innen treffen die Entscheidungen eigenständig sowie im Team, wodurch Entscheidungen zeitnah getroffen und Ergebnisse schnell sichtbar werden (Kindler 2016; Kotrba und Miarka 2017, S. 7). Die Mitarbeiter*innen werden befähigt, Aufgaben sowie auftretende Schwierigkeiten möglichst eigenständig zu lösen, ohne dabei auf eine Führungskraft angewiesen zu sein (Kotrba und Miarka 2017, S. 7; Ramsauer et al. 2017, S. 279). Entscheidungen sind dadurch stärker am Markt und am Kunden orientiert, denn die Mitarbeiter*innen sind oftmals näher an den Kunden und kennen deren Bedürfnisse und Anforderungen an die Leistung (Au 2017, S. 115; Rutz 2017; Scheller 2017, S. 3; Sievers 2017). Agile Teams sind in der Lage, schneller und effizienter einen Kundennutzen zu generieren (Häusling et al. 2018, S. 13). Dies wirkt sich positiv auf den Absatz des Produktes beziehungsweise auf die Abnahme der Leistung aus, die das Unternehmen anbietet (Rutz 2017; Scheller 2017, S. 3). Ein weiterer Mehrwert ergibt sich durch das gesteigerte Engagement der Mitarbeiter*innen, das auf Empowerment zurückzuführen ist. Mitarbeiter*innen leisten einen eigenen Beitrag zum Unternehmenserfolg, da sie Verantwortung für die Ergebnisse tragen und somit Erfolg und Misserfolg

© Springer Fachmedien Wiesbaden GmbH, ein Teil von Springer Nature 2019
G. Schiefer und H. Nitsche, *Die Rolle der Führungskraft in agilen Organisationen*, essentials, https://doi.org/10.1007/978-3-658-27437-5_2

der Organisation mitbestimmen (Ramsauer et al. 2017, S. 280). Dadurch werden Sinn und direkter Nutzen in der täglichen Arbeit erkannt, was sich positiv auf Motivation und Zufriedenheit auswirkt. Durch diese Identifikation haben die Mitarbeiter*innen das Gefühl, gebraucht zu werden und mit ihrer Arbeit etwas bewirken zu können (Adkins 2010, S. 5; Appelo 2011, S. 123; Geschwill und Nieswandt 2016, S. 29; Scheller 2017, S. 110 f.). Auch ihre Produktivität und ihr innerer Antrieb werden gesteigert, da Verantwortung und selbstbestimmtes Arbeiten das Bedürfnis des Menschen nach intellektueller Herausforderung und Selbstverwirklichung bedienen und die Mitarbeiter*innen dadurch in ihrer Arbeit mehr sehen als reine Pflichterfüllung (Fox 2017, S. 248; Geschwill und Nieswandt 2016, S. 29, 157; Pink 2010, S. 137, 145). Dies stellt für Unternehmen einen großen Gewinn dar, sofern sichergestellt ist, dass Mitarbeiter*innen die notwendigen Kompetenzen und Fähigkeiten besitzen oder erlernen, die zur Umsetzung der neu erworbenen Entscheidungsbefugnis notwendig sind (Fox 2017, S. 257; Ramsauer et al. 2017, S. 280 ff., 285). Damit wird neben dem Ausbau von Verantwortung die fachliche und persönliche Weiterentwicklung der Mitarbeiter*innen fokussiert (Fox 2017, S. 243). Unternehmen, die weniger kontrollorientiert sind, stattdessen ihren Mitarbeiter*innen Freiräume lassen und Selbststeuerung ermöglichen, erwirtschaften nachweislich mehr Umsatz und haben eine deutlich höhere Wachstumsrate als Unternehmen, die ihren Mitarbeiter*innen dies nicht zugestehen (Pink 2010, S. 112).

Die Neuorganisation der Verantwortungsbereiche bedeutet zugleich, dass die fachliche Verantwortung im operativen Tagesgeschäft zu großen Teilen zu den Mitarbeiter*innen hin verlagert wird (Au 2017, S. 113; Kindler 2016; Rutz 2017). In der agilen Führung entspricht es nicht der Einstellung von Führungskräften, über alle operativen Tätigkeiten der einzelnen Mitarbeiter*innen im Detail informiert zu sein (Appelo 2011, S. 108 f., 135). Stattdessen räumt die Führungskraft den Mitarbeiter*innen weitgehende Handlungsautonomie ein, was deren Entwicklung und zugleich die Entwicklung des Unternehmens fördert (Fox 2017, S. 175 ff.; Pink 2010, S. 112). Damit Mitarbeiter*innen Verantwortung und Selbststeuerung positiv wahrnehmen und gesteigerte Autonomie tatsächlich in der Praxis ausüben können, ist das Vertrauen der Führungskraft in die Mitarbeiter*innen elementar wichtig (Fox 2017, S. 253). Die Führungskraft ist zwar an Planung von Zielen sowie an der Koordination von Verantwortungen maßgeblich beteiligt, die eigentliche Ausführung der Aufgaben erfolgt jedoch autonom durch die einzelnen Mitarbeiter*innen beziehungsweise durch das Team, um den nötigen Raum für Kreativität und Entfaltung sicherzustellen, was die beschriebenen Vorteile verstärkt und insbesondere die Innovationsfähigkeit steigert (Fox 2017, S. 242; Seitz 2018). Dies geht mit offener Wissensteilung im Team einher. Individuelle Wissensaneignung der einzelnen

Mitarbeiter*innen als persönliches Kapital, welches nicht weiter gegeben wird, ist nicht angebracht und hemmt den kreativen Prozess im Team, der für die Entstehung von neuen Ideen oder Produktverbesserungen erforderlich ist (Dove 2001, S. 277; Fox 2017, S. 250 f.; Ramsauer et al. 2017, S. 272 f.). Die Kolleg*innen nutzen Meinungen und Erfahrungen untereinander, um den Nutzen für das Unternehmen zu vergrößern (Capgemini Consulting 2017, S. 24 f.; Ramsauer et al. 2017, S. 270). Die gesamte Organisation lernt im Idealfall voneinander, weshalb im Zusammenhang mit Agilität von einer lernenden Organisation gesprochen wird und dies an den Willen zur kontinuierlichen Optimierung im Unternehmen gekoppelt ist (Anderson und Uhlig 2015, S. 272, 278; Graf et al. 2017, S. 27 f.; Lippmann 2013b, S. 2 f.).

Dass die Führungskraft durch die Neuorganisation der Verantwortungsbereiche weniger gebraucht wird oder ihren Status verliert, ist ein Trugschluss. Es verschiebt sich lediglich der Fokus, denn die Kapazitäten der Führungskraft werden anders genutzt. Die Führungskraft hat weiterhin eine entscheidende Schlüsselrolle inne (Au 2017, S. 115; Appelo 2011, S. 109, 124 f.; Fox 2017, S. 254). Die Führungskraft steht ihrem Team bei Entscheidungsfindungen beratend und koordinierend zur Seite und unterstützt Prozesse zur Lösungsfindung. Damit unterstützt sie die Entwicklung der Mitarbeiter*innen in besonderem Maße. Die Führungskraft wird im operativen Bereich durch das Delegieren von Verantwortungsbereichen und der Reduzierung des Kontrollaufwandes zeitlich entlastet und ist dadurch in der Lage, Führungsaufgaben sowie strategischen Aufgaben stärker nachzukommen. Durch den regelmäßigen Austausch mit ihren Mitarbeiter*innen behält die Führungskraft dennoch den Überblick über das operative Tagesgeschäft und hat die Möglichkeit korrigierend einzugreifen, wenn dies nötig ist. Im Idealfall greift sie aber nicht aktiv ein, sondern weist ihr Team auf Defizite oder Denk- und Umsetzungsfehler hin. Sie werden jederzeit zu selbstorganisiertem Arbeiten und eigenständiger Lösungserarbeitung ermutigt. Somit wird die Kontrollfunktion von partnerschaftlicher Zusammenarbeit und gegenseitigem Vertrauen abgelöst (Au 2017, S. 113; Claushues und Hurtz 2017, S. 121 ff.; Fox 2017, S. 254; Kindler 2016). Die Führungskraft leitet die Mitarbeiter*innen im agilen Kontext nicht durch Anweisungen zur Aufgabenerledigung, sondern durch die Kultur und Vision, die sie vermittelt und vorlebt (Anderson und Uhlig 2015, S. 275, 279 f., Ramsauer et al. 2017, S. 278 ff.; Rutz 2017).

Erhalten die Mitarbeiter*innen mehr Verantwortung, machen sie zunächst möglicherweise mehr Fehler als zuvor. Dies gilt insbesondere, wenn Mitarbeiter*innen eigenständiges Arbeiten nicht gewohnt sind und erst lernen, mit der neuen Verantwortung umzugehen, die zunächst mit Überforderung oder Angst vor Fehlern verbunden sein kann (Sprenger 2015a, S. 193 ff.). Mit Selbstorganisation, Selbstverantwortung und Gestaltungsfreiheit umzugehen ist Teil des Lernprozesses (Häusling et al. 2018, S. 15). Was zunächst wie ein Nachteil für die Arbeitsergebnisse einer Abteilung und das Unternehmen aussieht, führt letztlich zur stetigen Weiterentwicklung der Mitarbeiter*innen, da sie aus ihren Erfahrungen lernen sowie motiviert sind, weniger Fehler zu machen und immer besser in ihrer Arbeit zu werden. In einem von Agilität geprägten Mindset werden Fehler akzeptiert und als Chance zur Weiterentwicklung gesehen, indem die Mitarbeiter*innen über schnelles und transparentes Feedback aus ihnen lernen (Capgemini Consulting 2017, S. 24 f.; Gloger und Margetich 2018, S. 75; Scheller 2017, S. 3, 44). Deshalb ist eine angstfreie Feedbackkultur essentiell. Mitarbeiter*innen dürfen keine Angst haben, dass sie Nachteile erwarten, wenn sie offen ihre Meinung äußern und Kritik üben (Geschwill und Nieswandt 2016, S. 191 ff.; Hofert 2018, S. 27, 91). Haben sie Angst, Fehler zu machen, ist es nicht möglich, dass sie ihr volles Potenzial ausschöpfen (Claushues und Hurtz 2017, S. 27; Geschwill und Nieswandt 2016, S. 192 f.; Gloger und Margetich 2018, S. 75). Für kreative Lösungen und Innovationen ist eine vertrauensvolle Zusammenarbeit die Basis, auf der Mut zur Weiterentwicklung entsteht. Auch das Vertrauen der Kolleg*innen untereinander ist für gewinnbringende Kommunikation und erfolgreiche Zusammenarbeit bedeutend (Appelo 2011, S. 140; Scheller 2017, S. 97; Seitz 2018). Um die Weiterentwicklung der Mitarbeiter*innen kontinuierlich anzutreiben, reflektieren sich alle Organisationsmitglieder ständig selbst, auch die Führungskräfte. Sie sind offen für Feedback von anderen Führungskräften, Kolleg*innen und Kund*innen und nutzen Kritik, um sich und die Leistung des Unternehmens zu verbessern (Capgemini Consulting 2017, S. 24 f.; Geschwill und Nieswandt 2016, S. 191 ff.). Somit ergeben sich zahlreiche Mehrwerte für eine Organisation, wenn Mitarbeiter*innen agil arbeiten, indem sie agil geführt werden.

Es ist wichtig, dass die Rahmenbedingungen für selbstbestimmtes Arbeiten entsprechend gestaltet werden, damit die beschriebene Selbststeuerung nicht in ein Chaos führt, sondern positive Wirkungen erzielt (Scheller 2017, S. 183). Dazu gehört auch, den Rahmen deutlich sowie nachvollziehbar abzugrenzen, in welchem Mitarbeiter*innen agieren, um Missverständnisse zu vermeiden und sie nicht zu frustrieren (Borgert 2016).

Die beschriebenen Rahmenbedingungen zur Flexibilisierung der Mitarbeiter*innen schließen eine gewisse Standardisierung nicht aus. Führung findet in einem Rahmen statt, der klare, einheitliche Prozesse und Vorgehensweisen, Qualitätsstandards und größtmögliche Effizienz einschließt. Eine Fokussierung auf Dynamik und Anpassungsfähigkeit heißt demnach nicht, dass Arbeitsweisen unkoordiniert, Abstimmungen unklar oder die Zusammenarbeit unstrukturiert ist (Gloger und Häusling 2011, S. 24; Ramsauer et al. 2017, S. 269 ff.). Auch wenn

Agilität den Fokus auf den Menschen legt, werden dazugehörige Führungsinstrumente oder feste Abläufe im Team dennoch als wichtig erachtet, indem sie ebenfalls an Agilität angepasst werden (Appelo 2011, S. 21, 24). Agile Personalführung schafft ein Arbeitsumfeld, das eine stabile funktionale Basis mit ausgeprägten dynamischen Bestandteilen vereint, was den Mitarbeiter*innen sowohl Orientierung als auch Freiraum gibt (Anderson und Uhlig 2015, S. 277; Ramsauer et al. 2017, S. 267 ff.). Selbstorganisation meint demnach keinesfalls Führungslosigkeit (Gloger und Rösner 2017, S. 2 ff.). Auch in agilen Organisationen und Zeiten von Selbstorganisation braucht es weiterhin Führungskräfte, die entscheiden, Richtungen weisen und anleiten (Gloger und Rösner 2017, S. 45 f.).

Führungskräfte im Fokus agiler Personalführung – Chancen und Barrieren

3

3.1 Anforderungen an Führungskräfte in agilen Organisationen

Dass Führung nicht nur als Lehre oder Stil zu verstehen ist, sondern einer Philosophie gleicht, ist eine schon lange bekannte Erkenntnis (Panse und Stegmann 1996, S. 254). Begegnungen zwischen Mitarbeiter*innen und Führungskraft laufen immer auch emotional ab, obwohl sie im betrieblichen, rationalen Kontext stattfinden. Die Bedeutung der Mitarbeiter*innen-Führungskraft-Beziehung kann kaum überschätzt werden und deren Wert sollte der Führungskraft bewusst sein. Agilität beinhaltet, die eigene Führungskultur zu hinterfragen (Fox 2017, S. 174 f.). Damit agile Grundsätze als Erfolgsfaktoren wirken können, ist die Führungskraft in der Pflicht, ihr eigenes Führungsverhalten zu hinterfragen und an agilen Grundsätzen auszurichten. Je nachdem wie gut das gelingt, kann ihr Verhalten auf agile Entwicklungsprozesse im Unternehmen sowohl eine fördernde als auch eine hemmende Wirkung haben.

Agile Personalführung ist geprägt von einer kooperativen Zusammenarbeit, die in besonderem Maße auf Vertrauen, Verlässlichkeit, Authentizität und Einfühlungsvermögen setzt (Au 2017, S. 113 ff.; Lang und Scherber 2015, S. 25; Scheller 2017, S. 386 ff.). Zu den Hauptaufgaben der Führungskräfte zählen die Befähigung und Begleitung ihrer Mitarbeiter*innen (Fischer et al. 2017; Gloger und Rösner 2017, S. 51 f., 60). Dies wird in einer aktuellen Studie als höchste Anforderung herausgestellt, gefolgt von der Beteiligung der Mitarbeiter*innen an Entscheidungsprozessen (Hays und IBE 2018, S. 20 f.). Dazu gehört unter anderem, den Handlungsspielraum der Mitarbeiter*innen zu erweitern, Verantwortungen an sie abzugeben und ihre Weiterentwicklung zu fördern. Die Potenziale der Mitarbeiter*innen für die Zukunftsfähigkeit des Unternehmens

© Springer Fachmedien Wiesbaden GmbH, ein Teil von Springer Nature 2019
G. Schiefer und H. Nitsche, *Die Rolle der Führungskraft in agilen Organisationen*, essentials, https://doi.org/10.1007/978-3-658-27437-5_3

zu nutzen, spielt hierbei eine wichtige Rolle. Die Führungskraft vermittelt den Mitarbeiter*innen ein Verständnis für die angestrebte Veränderung, indem sie gemeinsame Werte, auf welchen Strategie und Identität des Unternehmens fußen, offen legt, sie zu den Mitarbeiter*innen transportiert, in den Kontext der einzelnen Personen setzt und konsequent vorlebt (Anderson und Uhlig 2015, S. 279 f.; Capgemini Consulting 2017, S. 24 f.; Ramsauer et al. 2017, S. 280 f.).

Die Rolle der Führungskraft wandelt sich in der agilen Arbeitswelt von Manager*innen und Fachexpert*innen zu Coachs, Koordinator*innen und Berater*innen (Rutz 2017; Seitz 2018). In der Literatur werden der Führungskraft auch weitere Rollen zugeschrieben, z. B. Mentor*in oder Moderator*in. Hierzu gibt es auch kritische Stimmen, die Führungskräften die neutrale Rolle absprechen (Fox 2017, S. 177 f.; Furtner und Baldegger 2016, S. 2; Geschwill und Nieswandt 2016, S. 182; Lippmann 2013a, S. 102 f.; Seitz 2018). Ebenso wird die Führungskraft als Trainer*in und Entwickler*in gesehen, weshalb sie auch als Talent-Manager*in bezeichnet wird (Anderson und Uhlig 2015, S. 275; Furtner und Baldegger 2016, S. 2). Trotz der vielzähligen Bezeichnungen heißt das nicht zwangsläufig, dass Führungskräfte grundsätzlich alle ihnen bekannten Führungsprinzipien ersetzen müssen. Es ist allerdings zu prüfen, inwiefern diese mit agilen Grundsätzen kompatibel sind. Die Führungskraft führt über Fragen und setzt Impulse, um Lernprozesse anzuregen. Dies wird als Hilfe zur Selbsthilfe verstanden (Claushues und Hurtz 2017, S. 121 f.; Greßer und Freisler 2017, S. 39, 65; Schneck 2018, S. 3 f.). Es ist Aufgabe der Führungskraft, jedem einzelnen Mitarbeiter*innen das zu geben, was er zur Entwicklung benötigt und gleichzeitig aus dem Weg zu räumen, was ihn an dem Erledigen seiner Aufgaben hindert. Dies variiert je nach Kompetenzniveau, Erfahrung und Persönlichkeit des Individuums (Appelo 2011, S. 115 ff.; Claushues und Hurtz 2017, S. 43; Scheller 2017, S. 388). Die Führungskraft ist in der Pflicht dafür zu sorgen, dass alle Mitarbeiter*innen die notwendige Unterstützung erhalten, die sie benötigen. Die Interaktion mit den Mitarbeiter*innen ist zudem eine Chance zur individuellen Beziehungspflege (Claushues und Hurtz 2017, S. 123 ff., 134 ff.). Ist ein Unternehmen in höchstem Maße auf Agilität ausgerichtet, überträgt die Führungskraft disziplinarische Verantwortungen wie beispielsweise Mitarbeiterauswahl sogar dem Team oder räumt diesem zumindest ein starkes Mitspracherecht ein (Dämon 2017, S. 1; Felfe und Dick 2016, S. 22 f.; Häusling et al. 2018, S. 15, 20; Seitz 2018). Andere Autor*innen gehen bei der Delegation von Führungsaufgaben an Mitarbeiter*innen nicht so weit. Sie betonen, dass disziplinarische Aufgaben bei der Führungskraft bleiben müssen (Appelo 2011, S. 231 ff.). Sie kritisieren in diesem Zusammenhang, dass gewisse Entscheidungen nicht demokratisiert werden können (Anderson und Uhlig 2015, S. 273 ff.). Von den Führungskräften wird außerdem ein stark ausgeprägtes Verantwortungsbewusstsein eingefordert, denn das Handeln auf den Führungsebenen, insbesondere in der täglichen Zusammenarbeit mit den unterstellten Mitarbeiter*innen, hat Auswirkungen auf die gesamte Organisation (Hamel 2013, S. 15). Dies hängt damit zusammen, dass die Führungskraft vermehrt als Vorbild agiert (Anderson und Uhlig 2015, S. 280). Eine Vorbildfunktion bewusst wahrzunehmen, ist eine große Chance in der Führung, um Mitarbeiter*innen Sicherheit und Orientierung zu geben (Claushues und Hurtz 2017, S. 26, 119; Greßer und Freisler 2017, S. 118 f.). Es ist eine vielversprechende Möglichkeit, Mitarbeiter*innen für die vorgelebten Denk- und Verhaltensweisen zu begeistern und sie dazu zu bewegen, diese zu adaptieren (Panse und Stegmann 1996, S. 265 ff.). Andernfalls fallen die Organisationsmitglieder schnell wieder in alte Muster zurück (Borgert 2016). Das klassische Hierarchiegefälle zwischen Mitarbeiter*innen und Führungskraft fällt in einer agilen Organisation weg. Führungskräfte sehen sich mit ihren Mitarbeiter*innen auf Augenhöhe und pflegen eine positive Beziehung (Au 2017, S. 110 f.; Rutz 2017; Scheinpflug und Stolzenberg 2017, S. 57 f.). Die Führungskraft überträgt den Mitarbeiter*innen mehr Verantwortung, lässt sie selbst Entscheidungen treffen und erzieht das Team zu starker Selbststeuerung. Für Führungskräfte bedeutet das, dass sie einen Großteil ihrer hierarchischen Macht sowie ihre Kontrollfunktion ablegen (Borgert 2016; Kindler 2016; Seitz 2018). Dafür ist Vertrauen und ein entsprechend positives Menschenbild Voraussetzung (Lasnia und Nowotny 2018, S. 50 f.; Sprenger 2002, S. 13). Nach dem agilen Mindset wird von einem Menschenbild ausgegangen, welches von Mitarbeiter*innen gekennzeichnet ist, die intrinsisch motiviert sind und gute Arbeit leisten wollen, nicht müssen (Borgert 2016; Pink 2010, S. 123; Scheller 2017, S. 116). Demnach vertraut die Führungskraft darauf, dass die Mitarbeiter*innen die übertragenen Aufgaben erfolgreich erledigen. Andernfalls wachsen sie nicht über sich hinaus (Ramsauer et al. 2017, S. 280). Aber es ist realitätsfern, davon auszugehen, dass alle Mitarbeiter*innen dem tatsächlich gewachsen sind oder das Vertrauen nicht missbrauchen. Da es aber nicht sinnvoll ist, alle betreffenden Posten neu zu besetzen, sind Entwicklungsprogramme von großer Relevanz (Geschwill und Nieswandt 2016, S. 179).

Fachliche Expertise der Führungskraft reicht für die Umsetzung agiler Personalführung nicht aus. Vor allem sind Coaching-Fähigkeiten, soziale Kompetenzen sowie systemisches Vorgehen gefragt (Geschwill und Nieswandt 2016, S. 72; Scheller 2017, S. 388). Die Erwartungen an eine agile Führungskraft liegen verstärkt in der Vermittlung von Werten sowie in der Förderung der Mitarbeiter*innen, die darauf ausgerichtet ist, dass sich diese selbst zu fachlichen Expert*innen entwickeln und sie sich auch als solche für ihren Verantwortungsbereich verstehen.

Die Führungskraft schafft die Rahmenbedingungen für agiles Arbeiten, steckt Ziele als Orientierung und begleitet die Mitarbeiter*innen auf ihrem Weg dorthin. Die Führungskraft hat demnach eine unterstützende, steuernde und gestaltende Funktion (Hofert 2016, S. 115; Kindler 2016; Rutz 2017). Sie räumt dafür vorhandene Hindernisse aus dem Weg, stellt notwenige Ressourcen zur Verfügung und unterstützt, wenn Mitarbeiter*innen Hilfestellung benötigen (Fox 2017, S. 242; Hofert 2016, S. 115; Seitz 2018). Dazu gehört auch, einen offenen, hierarchieübergreifenden Dialog zu fördern, Transparenz und Vertrauen zu schaffen sowie eine konstruktive Feedback- und Fehlerkultur zu formen, die Lernen, Kritik, Veränderung und Eigenständigkeit ermöglicht (Hackl und Gerpott 2015, S. 59; Häusling et al. 2018, S. 16; Ramsauer et al. 2017, S. 270). Außerdem sorgt die Führungskraft für effiziente Partizipation und Engagement jeder einzelnen Person, einen offenen Wissensaustausch, der einerseits Machtmissbrauch ausschließt und andererseits ein Gemeinschaftsgefühl entstehen lässt (Fox 2017, S. 257 f.). Aktives Wissensmanagement, von dem möglichst viele Organisationsmitglieder profitieren, ist ein essenzieller Bestandteil der lernenden Organisation und es ist die Aufgabe der Führungskraft, diese Lernprozesse zu fördern (Dove 2001, S. 277; Lippmann 2013b, S. 2 f.). Daran ist gekoppelt, dass die Führungskraft konträr zum klassischen Silo-Denken ein übergreifendes Denken der Mitarbeiter*innen unterstützt, bei dem die Wertschöpfung des Unternehmens im Gesamten im Vordergrund steht und nicht die Leistung eines Einzelnen (Capgemini Consulting 2017, S. 24 f.; Häusling 2016, S. 2; Lasnia und Nowotny 2018, S. 40). Durch konsequentes Delegieren von Entscheidungen und Verantwortungen sowie dem Zuspruch zur Entwicklung eigener Lösungsansätze fördert und fordert die Führungskraft die Eigenständigkeit der Mitarbeiter*innen, so dass sie selbst entscheiden können, wie sie Aufgaben erledigen und auf welche Weise sie vereinbarte Ziele erreichen (Pink 2010, S. 126; Scheller 2017, S. 138). Während Kontrolle durch die Führungskraft dazu führt, dass Mitarbeiter*innen ihre Pflicht erfüllen, aber auch nicht mehr als ihre Pflicht, führt Selbstbestimmung zu gesteigertem Engagement (Hofert 2018, S. 184; Pink 2010, S. 136). Trotz großer Freiräume bestehen dennoch Abhängigkeiten zwischen Mitarbeiter*innen und Führungskraft und es ist anzumerken, dass ein vollständiges Vertrauen in Arbeitsbeziehungen eher selten ist und das Vertrauensverhältnis immer wieder überprüft werden muss, um Vertrauensbrüche zu reflektieren (Geschwill und Nieswandt 2016, S. 193; Klaus und Schneider 2016, S. 199 ff.).

Um nicht den Eindruck entstehen zu lassen, dass die fachliche Kompetenz einer agilen Führungskraft sowie Zahlen und Prozesse gänzlich an Bedeutung verlieren, ist an dieser Stelle hervorzubringen, dass die Erreichung von Unternehmenszielen und wirtschaftlichem Erfolg weiterhin die elementaren Aufgaben von Führungskräften sind. Sie sorgen für Produktivität und Ergebnisorientierung im Team. Der Fokus liegt auf der Leistung der Mitarbeiter*innen sowie auf einer maximalen Wertschöpfung. Jedoch ändert sich das Umfeld für die tägliche Leistungserbringung und Zusammenarbeit, sodass Mitarbeiter*innen als Menschen und in diesem Zusammenhang die tatsächliche personale Führungsarbeit an Bedeutung gewinnt (Appelo 2011, S. 24; Geschwill und Nieswandt 2016, S. 172; Rutz 2017). Dies stellt die Mitarbeiter*innen mit ihren Bedürfnissen und Kompetenzen stärker in den Mittelpunkt. Dennoch verfolgt Agilität primär das übergeordnete Ziel, dass alle Organisationsmitglieder zielorientiert arbeiten und damit dem Unternehmen den größtmöglichen Nutzen stiften, was im unsicheren Wirtschaftskontext mit einer flexiblen und anpassungsfähigen Arbeitsweise einhergeht (Geschwill und Nieswandt 2016, S. 172; Scheller 2017, S. 7). Außerdem verschreibt sich die Führungskraft dem Team, um gemeinsam daran zu arbeiten, immer besser zu werden, dadurch auch letztlich entsprechende Ergebnisse zu liefern und für zukünftige Entwicklungen vorbereitet zu sein (Häusling 2016, S. 2). Sie verbindet demnach Wertschöpfung mit Wertschätzung (Claushues und Hurtz 2017, S. 21 ff.).

3.2 Potenzielle Hindernisse zur Umsetzung agiler Personalführung

Die Anforderungen an Führungskräfte sind hoch. Der Erfolg der Realisierung von Agilität im Unternehmen wird wesentlich vom notwendigen Paradigmenwechsel auf den Führungsebenen bestimmt. Es ist unabdingbar, dass die Führungskraft die Grundeinstellungen von Agilität verinnerlicht, ihre neue Rolle akzeptiert und die damit verbundene Identifikation in ihrer Führungsarbeit zeigt. Dadurch soll sie die Mitarbeiter*innen von agilem Arbeiten überzeugen, sodass die gesamte Organisation eine Arbeitsweise einnimmt, die durch das agile Wertesystem auf die hohe wirtschaftliche Veränderungsgeschwindigkeit eingestellt ist (Anderson und Uhlig 2015, S. 277 f.; Fox 2017, S. 241 f.; Geschwill und Nieswandt 2016, S. 71). Dass Führungskräfte durch ihre Einstellung selbst ein Hindernis in der Umsetzung agiler Führung bedeuten können, sprechen 10 von 11 Führungskräfte in einer aktuellen qualitativen Untersuchung der Autor*innen an. Im Fokus stehen dabei vordergründig die Entscheidungsmacht von Führungskräften sowie die Offenheit gegenüber Veränderungen des eigenen Führungsverhaltens.

Agile Mitarbeiterführung ist erschwert, wenn Führungskräfte zunächst selbst umdenken und sich umstellen müssen oder nicht von dem Ansatz überzeugt sind. Zweifelt die Führungskraft an dem Ansatz, bilden sich diese Zweifel in der Führung ab, was wiederum an die Mitarbeiter*innen weitergetragen wird.

Der Schlüsselfunktion der Führungskraft ist daher aus Sicht der Organisation viel Aufmerksamkeit zu schenken. Wenn sie das beschriebene Führungsverständnis ablehnt, bleibt die Flexibilisierung der breiten Mitarbeiterschaft aus und die Erfolgsfaktoren kommen für das Unternehmen nicht zum Tragen (Anderson und Uhlig 2015, S. 263 f.; Geschwill und Nieswandt 2016, S. 26, 140, 172; Häusling 2018, S. 77 f.). Eine Schwierigkeit liegt dabei in der Selbstwahrnehmung der Führungskräfte. Sie nehmen sich selbst agiler wahr, als ihre Mitarbeiter*innen sie erleben, weshalb eine große Herausforderung auch in der eigenen Reflexion liegt (Geschwill und Nieswandt 2016, S. 71 f.; Seitz 2018). Dazu gehört auch, sich von Mitarbeiter*innen beurteilen zu lassen (Anderson und Uhlig 2015, S. 275). Ein potenzielles Problemfeld ergibt sich zudem dadurch, dass Führungskräfte im Rahmen agiler Personalführung weniger Macht auf ihre Mitarbeiter*innen ausüben, da ihre Kontrollfunktion abnimmt und sie weniger Anweisungen erteilen (Appelo 2011, S. 124 f.; Lasnia und Nowotny 2018, S. 75; Pink 2010, S. 126). Das Machtmotiv ist bei vielen Führungskräften allerdings tendenziell eher stark ausgeprägt, da sie dadurch dem Streben nach Selbstbehauptung, Anerkennung, Kontrolle und Status nachgehen (Furtner und Baldegger 2016, S. 27; Hofert 2016, S. 73; Lenz 1991, S. 147). Im Rahmen des agilen Führungsverständnisses wird Wissen offen geteilt. Führungskräfte sorgen sich, ihren Wissensvorsprung an die Mitarbeiter*innen abzugeben, die nun Expert*innen in ihren Fachbereichen sind, die die Führungskraft nicht mehr vollständig durchblicken kann und auch nicht mehr soll. Dazu gehört, dass Führungskräfte Informationen nicht für sich behalten, um eine Expertenstellung oder Machtposition zu halten und sich dadurch unentbehrlich zu machen (Appelo 2011, S. 124 f., 135). Die Führungskraft gibt zum Teil ihre Expertenmacht sowie ihre Informationsmacht ab (Furtner und Baldegger 2016, S. 27 f.). Es ist bedeutend, dass sich Führungskräfte in ihrer Rolle auf Augenhöhe zu den Mitarbeiter*innen verstehen, das veränderte Machtverhältnis akzeptieren und lernen loszulassen (Au 2017, S. 115; Geschwill und Nieswandt 2016, S. 71). Führungskräfte haben dadurch möglicherweise Angst, ihre Autorität zu verlieren oder sich überflüssig zu fühlen (Appelo 2011, S. 124; Armbrüster 2017, S. 175 f., 178; Gloger und Häusling 2011, S. 24). Im Gegensatz zu den Befürchtungen besetzen Führungskräfte weiterhin eine deutlich wichtige Rolle. Ohne ihre Initiative erreichen die Verantwortlichen, die den Wandel zu Agilität vorantreiben möchten, die breite Mitarbeiterschaft nicht (Anderson und Uhlig 2015, S. 275 f.; Geschwill und Nieswandt 2016, S. 25 f.). Die Führungskraft kann agile Personalführung nur umsetzen, wenn sie den Mitarbeiter*innen gegenüber zu einem Vertrauensvorschuss bereit ist. Darauf zu vertrauen, dass die Mitarbeiter*innen ihre Aufgaben erfolgreich erledigen, kann für Führungskräfte eine Hürde sein (Fox 2017, S. 176 f.; Gloger und Häusling 2011, S. 23). Entscheidend ist aber auch das Vertrauen, das der Führungskraft von höherer Ebene entgegengebracht wird. Auf allen Ebenen ersetzt Vertrauen die Kontrolle. Es ist eine nicht zu unterschätzende Herausforderung für Führungskräfte aller Führungsebenen, auf die angemessene Umsetzung von Aufgaben durch die unterstellten Mitarbeiter*innen zu vertrauen, ohne aktiv einzugreifen (Fox 2017, S. 253 f.). Insbesondere für machtbezogene, narzisstisch veranlagte Führungskräfte ist Vertrauen erschwert (Externbrink und Keil 2018, S. 8, 78; Nöllke 2016, S. 25 f.). Zugleich ist festzuhalten, dass Führungskräfte oftmals an ihre Mitarbeiter*innen das weitergeben, was sie selbst wiederum durch ihre Führungskräfte erfahren. Um potenzielle Hindernisse einzudämmen, müssen agile Grundsätze von oben gelebt und nach unten weitergetragen werden. Die Chance ist groß, dass die Führungskraft ihre Mitarbeiter*innen so führt, wie sie selbst geführt wird oder wie die Unternehmensspitze es zeigt (Fox 2017, S. 253; Geschwill und Nieswandt 2016, S. 138 ff.). Agile Werte haben nur dann einen tieferen Sinn und werden ernst genommen, wenn sie konsequent gelebt werden (Anderson und Uhlig 2015, S. 263 f.; Gloger und Margetich 2018, S. 31; Ramsauer et al. 2017, S. 281 f.). Dafür ist entscheidend, dass alle Führungskräfte das gleiche Ziel verfolgen und die gemeinsame Identifikation mit der Unternehmenskultur greift (Fox 2017, S. 250 f.; Ramsauer et al. 2017, S. 272 f.; Redmann 2017, S. 31). Das macht die Umsetzung agiler Personalführung auf verschiedenen Ebenen im Unternehmen zur Herausforderung und stellt ebenfalls Anforderungen an die Unternehmensspitze. Als weitere potenzielle Umsetzungsbarriere ist der langwierige Veränderungsprozess zu erkennen. Selbst wenn Führungskräfte gewillt sind, sich zu einer agilen Führungskraft zu entwickeln, kann das Engagement im Laufe des Entwicklungsprozesses leiden. Es dauert eine gewisse Zeit, bis sich die angestrebten Denk- und Verhaltensweisen gefestigt haben sowie ihre Wirkung für die Organisation erkennbar wird. Hierbei ist das Durchhaltevermögen von Führungskräften gefragt. Insbesondere zu Beginn eines Veränderungsprozesses kann es unbefriedigend sein, nicht vorhersagen zu können, innerhalb welcher Zeit und in welchem Umfang Erfolge sichtbar werden. Wenn darüber hinaus agile Führung von skeptischen Organisationsmitgliedern belächelt wird, ist Standhaftigkeit in hohem Maße notwendig, um nicht in alte Führungsmuster zurückzufallen (Borgert 2016; Fox 2017, S. 254, 258; Seitz 2018). Grundsätzlich ist zu berücksichtigen, dass ein agiles Führungsverständnis für die Führungskräfte zu Beginn an subjektiv empfundene Unsicherheit gekoppelt ist (Fischer et al. 2017).

Neben der Einstellung der Führungskraft können ebenfalls Mitarbeiter*innen die Umsetzung behindern. Nicht alle Mitarbeiter*innen sind an selbstorganisiertem Arbeiten und Entscheidungsautonomie interessiert. Stattdessen können hohe Selbständigkeit und Verantwortung zu Überforderung bei Mitarbeiter*innen führen

(Appelo 2011, S. 125, 136; Au 2017, S. 115). Es besteht die Option, dass manche Mitarbeiter*innen aufgrund mangelnder Motivation oder Qualifikation nicht mehr Verantwortung übernehmen möchten, was ihre Veränderungsbereitschaft blockiert (Geschwill und Nieswandt 2016, S. 67; Miebach 2017, S. 487). Dies kann dazu führen, dass Mitarbeiter*innen vehement an dem festhalten, was sie gewohnt sind und der unternehmensweite Wandel stagniert (Fox 2017, S. 239 f.). Überforderung und Unsicherheit können Angst auslösen, die im Extremfall in der inneren oder in der tatsächlichen Kündigung endet (Fox 2017, S. 240; Panse und Stegmann 1996, S. 122 f., 201 ff.). Außerdem ist in diesem Zusammenhang zu erwähnen, dass es Mitarbeiter*innen gibt, die sich in einem volatilen Geschäftsumfeld grundsätzlich unwohl fühlen und ständige Veränderung sowie die geforderte Flexibilität als Stressfaktoren erleben (Appelo 2011, S. 136; Ramsauer et al. 2017, S. 280 ff.). Bevor Verantwortungen übertragen und Freiräume eingerichtet werden, ist daher individuell zu analysieren, inwiefern die einzelnen Mitarbeiter*innen dazu bereit sind und was sie dafür benötigen. Dies kann aufmunternder Zuspruch sein oder auch fachliches Knowhow (Appelo 2011, S. 136; Fischer et al. 2017; Ramsauer et al. 2017, S. 281 f.). Auch die Motivation der Mitarbeiter*innen ist erschwert, da sich ihre Ziele permanent verändern, was unbefriedigend sein kann (Anderson und Uhlig 2015, S. 279). An Empowerment sind Gespräche und Unterstützungs-maßnahmen gekoppelt, die dazu beitragen, dass Mitarbeiter*innen Veränderungen positiv begegnen (Fischer et al. 2017; Ramsauer et al. 2017, S. 280 ff., 285). Eine weitere Gefahr besteht in der Passivität von Mitarbeiter*innen, die sich nicht ein-gebunden fühlen. Sie sind frustriert, wenn sie vor vollendete Tatsachen gestellt wer-den, wodurch sie eine negative Grundstimmung entwickeln. Dies verdeutlicht die Notwendigkeit, alle Betroffenen frühzeitig und systematisch einzubeziehen (Fox 2017, S. 233 f., 239 f.; Ramsauer et al. 2017, S. 281 f.). Mangelnde Veränderungs-bereitschaft der Mitarbeiter*innen ist einer aktuellen Studie zufolge in der Pra-xis tatsächlich eine der größten Hürden auf dem Weg zu Agilität (Hays und IBE 2018, S. 17). Dass Mitarbeiter*innen Agilität ausbremsen können, wird ebenso in der genannten qualitativen Interview-Studie der Autor*innen deutlich: 9 von 11 Führungskräfte äußern diesbezüglich Bedenken und zeichnen ein Bild von Mit-arbeiter*innen, die mit der neu gewonnen Gestaltungs- sowie Entscheidungsfreiheit, die Agilität mit sich bringt, nicht zurechtkommen. Sie fordern von ihren Führungs-kräften klarere Vorgaben, da sie Eigenständigkeit oder nicht ausdefinierte Aufgaben verunsichern und überfordern, was in vielen Fällen an eine Aversion gegenüber Ver-änderungen geknüpft ist. Des Weiteren ist zu bedenken, dass die Umstellung und der Aufbau von Vertrauen Zeit brauchen. Insbesondere wenn Führung zuvor von Anweisungen oder Kontrolle geprägt war, ist es für die Mitarbeiter*innen zu Beginn schwierig, Entscheidungen selbst zu treffen (Geschwill und Nieswandt 2016, S. 68).

Die Führungskraft wirkt negativen Bewegungen und einer Abwehrhaltung entgegen, indem sie ihren Mitarbeiter*innen die Möglichkeiten aufzeigt, die Agilität ihnen für ihr persönliches Wachstum bietet. Im persönlichen Dialog sollten Sorgen thematisiert sowie Ziele gemeinsam vereinbart werden, um Mitarbeiter*innen nicht zu überfordern, sie zu ermutigen und jeden individuell abzuholen (Fox 2017, S. 240). Eine subjektiv empfundene Unsicherheit wirkt sich negativ auf die Leistungsbereitschaft und Leistungsfähigkeit aus (Fischer et al. 2017; Geschwill und Nieswandt 2016, S. 153). Jede Führungskraft jeder Hierarchieebene ist in der Pflicht, seinen Mitarbeiter*innen eine gewisse Sicherheit zu vermitteln (Claushues und Hurtz 2017, S. 20 ff.; Seitz 2018). Besteht ein Team allerdings aus Mitarbeiter*innen, die zusätzliche Verantwortung scheuen und sich gegen die Veränderung sträuben sowie einer Führungskraft, die an alten Führungsmustern hängt und nicht die Notwendigkeit zur Weiterentwicklung erkennt, existieren denkbar schlechte Bedingungen für agile Führung. Es liegt nahe, dass sich agile Personalführung an dieser Stelle im Unternehmen nicht ohne Unterstützungsmaßnahmen von außen durchsetzt. Die Darstellung verweist darauf, dass ausnahmslos alle Führungskräfte proaktiv begleitet werden sollten, wenn auch die Intensität der Unterstützung individuell abzuschätzen ist. Zugleich drängt sich die Frage auf, wie die Unternehmensführung mit Führungskräften umgeht, denen agile Führung widerstrebt. Es ist individuell zu betrachten, ob eine Führungskraft in der Lage dazu ist, sich mit den neuen Anforderungen und dem veränderten Bild der Führungsrolle zu arrangieren. Dies ist mitunter davon abhängig, inwieweit Maßnahmen der Führungskräfteentwicklung fruchten.

In der aktuellen Untersuchung der Autor*innen geben 6 von 11 Führungskräfte an, zu wenig Zeit für Führung zu haben, weil sie durch die hohe Auslastung des Teams im operativen Tagesgeschäft aktiv mitarbeiten. Sich Zeit nehmen für die Mitarbeiter*innen ist auch an Führungsspanne und Arbeitsbelastung im Team geknüpft. Außerdem ist wahrzunehmen, dass Führungskräfte zum Teil sehr gerne an operativen Themen mitarbeiten, was die Vermutung zulässt, dass sie sich nicht ausschließlich um Führungsaufgaben kümmern wollen. Es ist Aufgabe der Unternehmensspitze, die Führungskräfte zeitlich zu entlasten und ihnen ihre Rolle zu verdeutlichen. Zudem weisen Führungskräfte in der explorativen Studie auf situationsbedingte Ausnahmen hin, in denen aus ihrer Sicht eine Partizipation der Mitarbeiter*innen an Entscheidungen nicht möglich ist, beispielsweise wenn die Führungskraft nach den Vorgaben der eigenen Führungskraft handelt oder die Erwartungen der Unternehmensleitung umsetzen muss, die die Mitarbeiter*innen in den Augen der Führungskraft nicht gut genug einzuschätzen wissen.

Möglichkeiten zur Umsetzung agiler Personalführung 4

4.1 Unterstützung der Führungskräfte durch das Top-Management

Es liegt auf der Hand, dass Führungskräfte ihre Einstellung zu ihrer täglichen Führungsarbeit und die damit verbundenen Veränderungen nicht ohne Hilfestellung umstellen können (Anderson und Uhlig 2015, S. 263 f.; Häusling 2018, S. 73 f.; Scherber und Lang 2015, S. 64). Denn letztlich drückt die Führungskraft in ihrem Verhalten einen Teil ihrer Persönlichkeit aus, die sich im Gegensatz zum Verhalten kaum ändert (Panse und Stegmann 1996, S. 263). Auf der einen Seite ist es nicht zielführend, dass Führungskräfte im Kontext agiler Führung nur ihr Verhalten anpassen, da dies langfristig nicht glaubhaft ist (Adkins 2010, S. 7 f.; Greßer und Freisler 2017, S. 87 f.). Auf der anderen Seite ist es nur begrenzt möglich, die Persönlichkeit der Führungskraft zu verändern, denn sie ist eine relativ stabile Eigenschaft (Furtner und Baldegger 2016, S. 48). Agilität ist allerdings nicht als Eigenschaft zu verstehen (Riedel 2017, S. 144). Persönlichkeitseigenschaften alleine erklären das Führungsverhalten außerdem nicht, denn diese sind nur ein Aspekt von vielen, die das komplexe Konstrukt von Führung ausmachen. Es bleibt umstritten, wie groß der Anteil der Persönlichkeitseigenschaften für ein bestimmtes Führungsverhalten ist (Blessin und Wick 2017, S. 59; Dammann 2007, S. 61). Es gibt aber Möglichkeiten, die Haltung von Führungskräften über Werte zu erreichen, auch wenn die Diskrepanzen zwischen persönlichem und anzustrebendem Führungsverständnis individuell sind (Fischer et al. 2017; Greßer und Freisler 2017, S. 89). Die Führungskräfte benötigen Begleitung und Hilfestellung, um ihre Rolle wahrzunehmen. Bezogen auf die zuvor dargelegten Herausforderungen müssen für die Führungskraft bestimmte Grundlagen im Unternehmen gelegt werden, die zum einen die Problemfelder eindämmen,

© Springer Fachmedien Wiesbaden GmbH, ein Teil von Springer Nature 2019
G. Schiefer und H. Nitsche, *Die Rolle der Führungskraft in agilen Organisationen*, essentials, https://doi.org/10.1007/978-3-658-27437-5_4

zum anderen der Führungskraft ihr Vorhaben ermöglichen. Der Wandel zu einer agilen Führungskraft ist nicht isoliert von dazugehörigen Veränderungen an anderer Stelle im Unternehmen zu betrachten (Häusling 2016, S. 2).

Wie die Führungskraft ihre Mitarbeiter*innen abholen soll, muss sie selber von ihrer Führungskraft oder der obersten Managementebene abgeholt werden. Mögliche Unterstützung kommt daher hauptsächlich durch die Unternehmensspitze. Sie muss den ersten Impuls für die angehende Veränderung setzen (Häusling 2018, S. 190). Die Kulturveränderung scheitert und der Transformationsprozess stoppt, wenn es dem Top-Management nicht gelingt, die darunterliegenden Managementebenen von der notwendigen Entwicklung zu überzeugen (Anderson und Uhlig 2015, S. 263 f.; Geschwill und Nieswandt 2016, S. 140). Denn auf den Führungsebenen ist eine große Bereitschaft notwendig, sich auf die Veränderungen einzulassen (Seitz 2018). Da es sich bei den gemeinsamen Werten um eine übergeordnete Unternehmensphilosophie handelt, ist die Unternehmensleitung in der Verantwortung, die wichtigsten Grundsteine für Agilität im Unternehmen zu legen. Es handelt sich um strategische Grundsatzentscheidungen, die die gesamte Organisation betreffen. Es ist oberstes Ziel, alle Organisationsmitglieder – Mitarbeiter*innen und die Führungsebenen – für die gemeinsame Entwicklung zu gewinnen (Anderson und Uhlig 2015, S. 263 f.; Geschwill und Nieswandt 2016, S. 71,138 ff.; Häusling et al. 2018, S. 15 f.; Olbert et al. 2017, S. 3, 9, 13; Seitz 2018). Wie wichtig das ist, zeigt eine Studie, die belegt, dass die Zustimmung der Mitarbeiter*innen zu Veränderungen mit jeder tieferen Hierarchiestufe weiter abnimmt, sodass Transformationen oftmals nach der Ebene des Top-Managements bereits wieder nachlassen (Capgemini Consulting 2010, S. 46 f.). Es ist Aufgabe der Unternehmensleitung, für Verständnis und Akzeptanz zu sorgen, damit Mitarbeiter*innen jeder Ebene Zugang zu der Thematik finden und sich Führungskräfte unterstützt fühlen. Indem die Unternehmensspitze Sinn und Zweck agiler Grundsätze vermittelt, wird ein Gemeinschaftsgefühl geschaffen, das die Idee einer gemeinsamen Vision ausdrückt. Es zielt darauf ab, dass sich möglichst alle Mitarbeiter*innen angesprochen fühlen sowie eingebunden und überzeugt werden. Damit wird einer möglichen ablehnenden Haltung aller Organisationsmitglieder entgegengewirkt. Während die agilen Grundsätze verbindlich verankert werden, lässt sich der Weg zu einer agilen Organisation nur partizipativ entwickeln, statt ihn als gesetzt aufzuzeigen. Auf diese Weise ist Einsatz und Identifikation bei den Mitarbeiter*innen stärker zu erzeugen (Geschwill und Nieswandt 2016, S. 71, 138 ff.; Häusling et al. 2018, S. 15 f.; Hofert 2018, S. 2; Lasnia und Nowotny 2018, S. 40,54 f.; Olbert et al. 2017, S. 3, 9, 13; Seitz 2018). Insbesondere Führungskräfte können durch die Unternehmensleitung an ihre Rolle herangeführt werden, indem diese sie an der Gestaltung in den Führungsetagen teilhaben lassen, sodass agiles Führungsverhalten für sie nachvollziehbar und sinnstiftend wird. Auf Basis der Unternehmenskultur, dem Fundament von Führung, leitet die Führungskraft im Dialog sowohl mit der Unternehmensführung wie mit den unterstellten Mitarbeiter*innen passende Verhaltensweisen, Kommunikations- und Entscheidungsgrundsätze ab, die die Werte der Zusammenarbeit festlegen (Fox 2017, S. 246 f.; HR Pioneers 2017a, S. 9; Seitz 2018). Werden die Führungskräfte nicht überzeugt, erfolgt der Veränderungsprozess nur halbherzig und die Chancen, die Mitarbeiter*innen abzuholen und eine agile Arbeitsweise nachhaltig zu verankern, sind gering (Claushues und Hurtz 2017, S. 125, 146 f.; Geschwill und Nieswandt 2016, S. 26). Die gemeinsamen Werte müssen von der Unternehmensleitung als verbindlich kommuniziert und entsprechend vorgelebt werden (Geschwill und Nieswandt 2016, S. 145). Dazu gehören Transparenz und Vertrauen, ein positiver Umgang mit Fehlern und Feedback, Kommunikation auf Augenhöhe sowie eine offene Haltung gegenüber Veränderungen (Geschwill und Nieswandt 2016, S. 72; Häusling 2016, S. 2; Lang und Scherber 2015, S. 25). Die Unternehmensspitze definiert im Rahmen dessen das interne Führungsverständnis und leistet Überzeugungsarbeit. Es ist nicht ausreichend, die Veränderung nur anzukündigen (Hofert 2018, S. 2, 6, 23; HR Pioneers 2017a; S. 17 f.; Seitz 2018). Führungskräfte können eine positive Haltung zu Fehlern und gegenseitiger Reflexion im eigenen Team zwar fördern. Da aber sowohl eine Fehler- als auch eine Feedbackkultur Teil der Unternehmenskultur sind, muss die Unternehmensspitze mit positivem Beispiel vorangehen. Um eine Bereitschaft zur Veränderung zusätzlich zu stärken, ist es denkbar, den Führungskräften die externen wirtschaftlichen Rahmenbedingungen aufzuzeigen und die Situation des Unternehmens teilweise offenzulegen, um die Hintergründe für den angestrebten Wandel zu erklären. Mithilfe von Transparenz wird ein notwendiges Bewusstsein geschaffen, ohne Zukunftsangst zu verbreiten (Anderson und Uhlig 2015, S. 276; Blessin und Wick 2017, S. 398, 401; Fox 2017, S. 247).

Es ist entscheidend, die Wertvorstellungen in die Unternehmenskultur und damit in die Seele des Unternehmens einzubetten. Sie bilden die Quelle von Identifikation, Orientierung und Antrieb der Mitarbeiter*innen. Der Fokus liegt darauf, den Organisationsmitgliedern eine visionäre Zukunftsvorstellung zu vermitteln, die von allen nachvollzogen werden kann. Es wird eine Basis für eine gemeinsame Identität geschaffen, um eine Veränderung von innen zu induzieren. Ist dieser Impuls erst einmal gesetzt, wird die intrinsische Motivation aufrechterhalten und Entwicklungsprozesse tragen sich von selbst (Anderson und Uhlig 2015, S. 275, 279; Fox 2017, S. 235 f., 240; Seitz 2018). Alle 11 befragten Führungskräfte, die sich im Rahmen einer aktuellen Studie der Autor*innen mit agiler Personalführung auseinandersetzten, stellten den Rückhalt durch die Unternehmensspitze als besonders wichtig heraus. Führungskräfte nennen das Vorleben von Werten als Aufgabe von Unternehmensspitze und direkten Vorgesetzten und wünschen sich in ihnen ein Vorbild. Sie geben an, oftmals zu erleben, dass Führungsthemen von oben kurzzeitig initiiert werden, die Umsetzung aber nicht konsequent verfolgt wird, weshalb sie eine Skepsis gegenüber neuen Führungsideen aus dem Top-Management aufgebaut haben. Dass der Sinn hinter einer Veränderung für Führungskräfte essenziell ist, wird in der Studie ebenfalls als zentraler Gesichtspunkt hervorgehoben. Sie geben an, dass sie durch den kommunizierten Nutzen einer Veränderung überzeugt werden müssen, um die Veränderung selbst überzeugt umsetzen zu können.

4.2 Unterstützung der Führungskräfte durch das Personalmanagement

Zusätzliche Unterstützung erfolgt durch das Personalmanagement, welches in agilen Organisationen zunehmend eine gestalterische Funktion einnimmt.[1] Der Bereich Human Resources wird in Zukunft stärker gefordert sein, als es aktuell in den meisten Unternehmen der Fall ist (Rose 2017, S. 11). Aktuell wird HR eher in einer administrativen Rolle gesehen (Fischer et al. 2017; Gloger und Häusling 2011, S. 33 ff.; Rose 2017, S. 11). HR kann mithilfe von Führungskräfteentwicklungsmaßnahmen in hohem Maße dazu beitragen, dass sich Führungskräfte von einem klassisch-hierarchischen Führungsverständnis lösen (Fischer et al. 2017; Scheinpflug und Stolzenberg 2017, S. 57 f.). Dazu gehört, Führungskräften Optionen zu bieten, ihre Kompetenzen auszubauen, die sie in der Interaktion mit den Mitarbeiter*innen benötigen. Konkret sind dies Coaching-Fähigkeiten und systemisches Vorgehen bei Herausforderungen im Team sowie psychologisches Gespür für die einzelnen Mitarbeiter*innen. Von den Führungskräften kann nicht verlangt werden, dass sie sich dies in Eigenregie aneignen oder ohne Weiterbildung über diese Kompetenzen verfügen. HR hat besondere Expertise in Kommunikation und Personalentwicklung, um Führungskräfte auf ihre Aufgabe als agile Führungskraft vorzubereiten. Denkbare Unterstützung durch HR liegt demnach sowohl in Weiterbildungen als auch in konstruktiven Dialogen der Führungskräfte mit HR selbst, die den Weiterbildungen vor- und nachgelagert

---

[1]In diesem essential werden die Begriffe Personalmanagement und Human Resources sowie die geläufige Kurzform HR synonym verwendet. Damit sind die Personalabteilung einer Organisation beziehungsweise im engeren Sinne die Mitarbeiter*innen der Abteilung in ihrer Funktion gemeint.

sind (Geschwill und Nieswandt 2016, S. 189; Häusling 2016, S. 2; HR Pioneers 2017a; S. 16). Im direkten Gespräch kann das Personalmanagement Unsicherheiten oder Widerstände der Führungskräfte abbauen, indem über Agilität aufgeklärt wird (Fischer et al. 2017).

Eine aktuelle Studie zeigt, dass das Vertrauen der Unternehmensleitung in HR eines der wichtigsten Kriterien ist, um zukunftsweisende HR-Themen wie Agilität·erfolgreich voranzutreiben und in Unternehmen zu implementieren. Es ist hinderlich, wenn die oberste Managementebene der HR-Abteilung nicht ausreichend Gestaltungsspielraum sowie Entscheidungsfreiheit zugesteht (Lehnen 2017, S. 6, 8 f.). Das zeigt, dass HR und Unternehmensspitze wirksam mit den Führungskräften zusammenarbeiten müssen, um Agilität in den Köpfen aller Organisationsmitglieder zu verankern (Fischer et al. 2017; Geschwill und Nieswandt 2016, S. 26; Häusling 2016, S. 2). Die Unterstützung durch HR und Unternehmensleitung liefert gewissermaßen eine unerlässliche Vorarbeit sowie die notwendigen Rahmenbedingungen für Führungskräfte, die eine agile Denkweise bei ihren Mitarbeiter*innen entwickeln und ihr eigenes Arbeitsverständnis danach ausrichten sollen. Während die Unternehmensspitze agile Grundsätze in die Unternehmenskultur einbettet, veranlasst HR notwendige Weiterbildungen, die den Führungskräften die Möglichkeit geben, Agilität und die dahinter stehenden Grundüberzeugungen mithilfe von Tools und spielerischen Elementen zu erleben, um erste Erfahrungsräume zu schaffen. HR sorgt dafür, dass sich Führungskräfte die notwendigen Kompetenzen aneignen und sie neben Schulungen ebenfalls durch persönlichen Austausch und Feedback begleitet werden (Anderson und Uhlig 2015, S. 263 f., 270 f., 275; Fischer et al. 2017; Geschwill und Nieswandt 2016, S. 26, 140; Häusling et al. 2018, S. 2, 9, 22; Seitz 2018; Sievers 2017). Die Rolle von HR wird gemäß einer qualitativen Studie der Autor*innen von Führungskräften in der Praxis sehr unterschiedlich wahrgenommen, da sie ihr zum Teil nur bedingt eine unterstützende Funktion zutrauen. Führungskräfte erwarten, dass HR sie in ihrer Führungsrolle stärker unterstützt, um durch eine neutrale Person einen anderen Blickwinkel auf Führungsthemen zu bekommen. Sie betonen, dass sie mehr Aufmerksamkeit auf Führungsthemen und stärkeren Einsatz von HR begrüßen würden. Zugleich wird Kritik formuliert, dass die Mitarbeiter*innen der Personalmanagement-Abteilung die Führungspraxis zu wenig kennen. Eine korrespondierende Rückendeckung sowie Freiraum für HR ist vonseiten des Top-Managements notwendig, um die Führungskräfteentwicklung entsprechend gestalten zu können. Weiterbildungsformate im Sinne von Workshops werden der Studie nach von den Führungskräften grundlegend positiv angenommen. Neben den unterstützenden Inhalten werden Workshops als sinnvolle Gelegenheit gesehen, mit anderen Führungskräften in Kontakt zu

Abb. 4.1 Einflüsse auf den Entwicklungsprozess der Führungskraft. (Eigene Darstellung)

treten. Eine Plattform, die einen Austausch und gegenseitige Reflexion auf den Führungsebenen ermöglicht, ist erwünscht. Wird HR von den Führungskräften als strategischer Partner wahrgenommen und akzeptiert, kann das Personalmanagement einen unterstützenden Beitrag zur agilen Transformation leisten.

Abb. 4.1 hält das Zusammenspiel von HR und Unternehmensleitung fest, welches Führungskräften dazu verhilft, ihre Rolle wahrzunehmen. Die agilen Grundsätze bestimmen dabei das Handeln der Akteure.

4.3 Zusammenspiel von Top-Management und Personalmanagement zur erfolgreichen Umsetzung agiler Personalführung

Führungskräfte tragen zur Weiterentwicklung der Mitarbeiter*innen bei und fördern einen Prozess des Umdenkens. Der eigene Transformationsprozess der Führungskraft ist unmittelbar daran gekoppelt und für Unternehmen auf dem Weg zur agilen Organisation substanziell wichtig (Geschwill und Nieswandt 2016, S. 189; Gloger und Rösner 2017, S. 50 f.; Scherber und Lang 2015, S. 93). Die verschiedenen Bereiche im Unternehmen beeinflussen sich gegenseitig und sind Teil einer gemeinsamen Kultur. Daher ist die Umsetzung in einzelnen Bereichen, isoliert voneinander, zumindest langfristig nicht erfolgversprechend. Die Umsetzung ist in einem solchen Fall begrenzt und durch die fehlende Beteiligung weiterer Unternehmensbereiche weniger wirkungsvoll (Anderson und Uhlig 2015, S. 263 f.; Olbert et al. 2017, S. 13, 21). Denken Führungskräfte fortschrittlich und sind sie aus eigenem Antrieb gewillt, zukünftig agil zu führen, werden durch die Geschäftsführung aber nicht unterstützt, werden sie zunehmend demotiviert und resignieren. Die persönliche Haltung der Führungskraft und die Ziele der Organisation sollten miteinander kompatibel sein (Fox 2017, S. 232 f., 263; Häusling et al. 2018, S. 12 f.; Lasnia und Nowotny 2018, S. 52 ff.).

Ausgehend von einem gemeinsamen Transformationsprozess gibt es insbesondere zu Beginn der Entwicklung für Führungskräfte viele Unklarheiten, wenn noch keine grundlegenden, systematischen Entscheidungen oder Veränderungen erfolgen und Vorgehensweisen zur Umsetzung noch nicht ausgereift sind. Führungskräfte hinterfragen, wie Führung unter diesem Gesichtspunkt aussieht und versuchen die Veränderungen auf ihre Praxis abzubilden. Es entstehen häufig Unsicherheiten und Identitätsschwierigkeiten. Da es auf viele Fragen zu diesem Zeitpunkt noch keine fundierten Antworten gibt, kann die neue Idee von Agilität an dieser Stelle unbefriedigend und teilweise beunruhigend wirken. Auch für HR ist die Rolle des Personalmanagements an dieser Stelle vielfach noch nicht greifbar und für die Führungskräfte noch nicht unterstützend präsent. Den Führungskräften fehlt es an Informationen, gezielter Kommunikation und klärendem Austausch (Häusling 2018, S. 101 f.; Häusling et al. 2018, S. 17 f.). Das Engagement der Unternehmensspitze ist hierbei entscheidend, sodass sie gemeinsame Werte als Neuausrichtung für alle verbindlich kommuniziert. Kritiker werfen an dieser Stelle ein, dass der Ansatz von Eigenverantwortlichkeit damit verpflichtend angeordnet wird, was in sich paradox erscheint. Dennoch ist eine Top-Down Initiierung sinnig, um für die gesamte Organisation den Startschuss für eine Veränderung zu geben. Damit zeigt die Unternehmensspitze, dass sie hinter der Entwicklung steht und mit gutem Beispiel vorangeht (Geschwill und Nieswandt 2016, S. 138 ff., 145; Olbert et al. 2017, S. 13). Ohne ihre Präsenz wird für die einzelnen Mitarbeiter*innen nicht glaubwürdig sichtbar, dass eine Kulturveränderung ernsthaft angestrebt wird (Geschwill und Nieswandt 2016, S. 144). Gewinnen die Beteiligten den Eindruck, dass die Geschäftsleitung nicht vollkommen hinter dem Ansatz steht und eine Fehler- und Feedbackkultur nur pro forma eingeführt wird, werden die Unsicherheiten größer und die Ablehnung stärker, was allen Führungskräften eine erfolgreiche Realisierung, nach den Anforderungen agiler Personalführung zu handeln, deutlich erschwert. Die Überzeugungen, die Führungskräfte an ihre Mitarbeiter*innen transportieren sollen, müssen sie zunächst selbst erleben und aufnehmen. Es ist notwendig, dass die Unternehmensspitze mit Kommunikationsexpert*innen aus HR zusammenarbeitet, die wiederum mit den Führungskräften an ihrer Entwicklung arbeiten. Durch die Präsenz der Unternehmensspitze wird ein Gemeinschaftsgefühl impliziert, was die Führungskraft unterstützt, agile Führung im eigenen Team erfolgreich umzusetzen. Aufgrund der hohen Komplexität und mangelnder Greifbarkeit der Thematik beschäftigt sich die Unternehmensführung oftmals nicht intensiv und konsequent genug mit Agilität und den konkreten Einflüssen auf das Unternehmen. Es ist notwendig, dass das Top-Management die Thematik in kleine, klar handzuhabende Teilaspekte zerlegt, um eine systematische Herangehensweise aufzuzeigen und Verantwortlichkeiten eindeutig zuzuordnen, die sich dann zu einem späteren Zeitpunkt eigenverantwortlich organisieren. Die Unternehmensspitze definiert das interne Führungsverständnis und gibt die Richtung vor. Auf diese Weise werden letztlich die einzelnen Schnittstellen im Unternehmen zusammengeführt (Geschwill und Nieswandt 2016, S. 140 f.; Häusling 2018, S. 105 ff.; Häusling et al. 2018, S. 18 f.; Ramsauer et al. 2017, S. 8).

In der Literatur finden sich Empfehlungen dazu, die beschriebenen Entwicklungen vorerst über einen Prototyp einzuleiten, was zunächst nur einen oder wenige Unternehmensbereiche umfasst (Claushues und Hurtz 2017, S. 245 f.; Häusling 2018, S. 131 ff.; Seitz 2018). Es ist denkbar, dass Führungskräfte in einem geschützten Rahmen agile Personalführung im Team umsetzen. Sie sammeln dabei positive sowie negative Erfahrungen, erhalten Rückmeldungen von den Mitarbeiter*innen sowie von Expert*innen, beispielsweise aus HR, die den Prozess begleiten. Die Erfahrungen und Verbesserungen, die daraus abgeleitet werden, sind für andere Führungskräfte wertvoll und fließen in den unternehmensweiten Veränderungsprozess mit ein. Dies erhöht zum einen die Chance auf eine erfolgreiche und nachhaltig implementierte Veränderung. Zum anderen werden Mitarbeiter*innen damit frühzeitig und konsequent in den Prozess eingebunden. Auf diese Weise haben sie die Möglichkeit, Anregungen einfließen zu lassen und letztlich ihren Arbeitsplatz aktiv mitzugestalten. Details der Veränderung werden gemeinsam entschieden und entwickelt. Dies erhöht ihr Engagement, die Veränderung aus eigenem Willen voranzutreiben. Führungskräfte haben es dadurch leichter, sich in ihrer neuen Rolle einzufinden und diese in der Praxis umzusetzen. Besonders dafür geeignet sind Teams von Führungskräften, die der Veränderung sehr skeptisch gegenüber stehen, erschwerte Rahmenbedingungen haben oder mit dem aktuellen Zustand der Organisation unzufrieden sind (Fox 2017, S. 234 f., 239 ff.). Es gibt jedoch auch gegensätzliche Stimmen in der Literatur, die empfehlen, Führungskräfte in das Pilotteam aufzunehmen, die bereits visionär und innovativ denken sowie andere überzeugen wollen und können (Seitz 2018). Nach erfolgreicher Realisierung werden schrittweise weitere Bereiche umgestellt, bis die organisationsweite Umsetzung auf allen Führungsebenen erfolgt ist. Wichtig ist, noch vor Start eines solchen Prototypenprojekts alle beteiligten Organisationsmitglieder in den Prozess mit einzubeziehen, sie auf das gleiche Ziel auszurichten und eine Wertschätzung auszudrücken, unabhängig von der Reihenfolge, in der die Bereiche umgestellt werden, damit kein Gefühl von zwei Klassen entsteht. Insbesondere den Führungskräften untereinander sollte im offenen Dialog deutlich gemacht werden, weshalb eine Führungskraft früher und damit möglicherweise intensiver betreut wird als eine andere. Denn das übergeordnete Ziel bleibt für HR und die Unternehmensleitung, alle Führungskräfte in ihrem Rollenwandel und den damit verbundenen Herausforderungen bestmöglich zu unterstützen (Fox 2017, S. 235 f.).

Es ist ein langer und andauernder Prozess, bis sich eine agile Denk- und Arbeitsweise im Führungsverhalten widerspiegelt und die unterstellten Mitarbeiter*innen sie adaptieren (Olbert et al. 2017, S. 13; Seitz 2018). Die Ergebnisse zeigen, dass ein stabiles Gerüst im Inneren der Organisation dafür entscheidend ist (Redmann 2017, S. 34 ff.; Sprenger 2015b, S. 100 f.). Es ist deutlich, dass mit der Umsetzung agiler Personalführung nicht nur große Herausforderungen auf die Führungskräfte zukommen, sondern ebenfalls auf die Unternehmensbereiche HR und Top-Management, die, wie auch die Führungskräfte, eine aktive, gestalterische und verantwortungsvolle Rolle einnehmen. Während für Führungskräfte die Weiterentwicklung und Befähigung der unterstellten Mitarbeiter*innen im Fokus steht, ist der Entwicklungsprozess der Führungskraft ein entscheidender Schritt, den wiederum das Personalmanagement und die Unternehmensspitze nicht vernachlässigen dürfen. In der aktuellen Studie der Autor*innen nehmen die Führungskräfte die Unternehmensspitze in die Pflicht, für eine entsprechende Initiierung zu sorgen. Die Begleitung der angestrebten Entwicklungen durch die Unternehmensspitze scheint für die Führungskräfte eine Bedingung zu sein, um das neue Rollenverständnis anzunehmen. Eine andere aktuelle Umfrage belegt, dass der Widerspruch der Unternehmenskultur mit agilen Werten als größte Barriere für die Realisierung von Agilität wahrgenommen wird (VersionOne 2018, S. 3,12). Dieses essential ist unter anderem als Appell an das Top-Management zu sehen, eine entsprechende Unternehmens- und Führungskultur zu implementieren und diese auch überzeugt zu vertreten, um den Führungskräften Unterstützung und Verbindlichkeit zu vermitteln. Der uneingeschränkte Glaube der Unternehmensspitze an die Sinnhaftigkeit der Transformation ist dabei Voraussetzung (Lasnia und Nowotny 2018, S. 52).

Einschränkend ist darauf hinzuweisen, dass Agilität nicht in jedem Unternehmenskontext passend ist und nicht als Universallösung für alle Unternehmensbereiche gesehen werden kann (Fischer et al. 2017; Häusling 2018, S. 25). Das notwendige und passende Maß an Agilität variiert von Unternehmen zu Unternehmen und ist im Einzelfall differenziert zu bestimmen, da die Ausprägung von Unsicherheit je nach Branche und Marktumfeld ebenfalls variiert (Lang und Scherber 2015, S. 157; Ramsauer et al. 2017, S. 19; Scheller 2017, S. 109). Aktionen zur Unterstützung, die in diesem essential aufgeführt wurden, sind elementar und bilden eine fundierte Basis, um die Umsetzung agiler Personalführung in die richtigen Bahnen zu leiten. Konkretere Notwendigkeiten ergeben sich aber erst in der täglichen Praxis. Es ist wichtig, dass Führungskräfte diese auftretenden Herausforderungen frühzeitig erkennen, um mithilfe unternehmensinterner Unterstützung der Situation gerecht zu werden, bevor sich ungewollte Gegenbewegungen oder Entwicklungsrückschritte einstellen. Agilität bedeutet in ihrem Kern, immer wieder neue Lösungen zu finden (Scheller 2017, S. 18; Scherber und Lang 2015, S. 64).

Die Geschwindigkeit in den Märkten zwingt Unternehmen zu einem Umdenken in Richtung Agilität. Der Tab. 4.1 liegt die Befragung der Autor*innen

Tab. 4.1 Barrieren und Unterstützungen bei der Umsetzung agiler Personalführung. (Eigene Darstellung)

	Führungskräfte	Mitarbeiter*innen
Barrieren	• Identifikationsschwierigkeiten mit agiler Führungsrolle • Fehlende Offenheit gegenüber neuen Führungsthemen • Mangelnde Veränderungsbereitschaft • Ablehnung von Macht- und Kontrollverlust • Mangelndes Interesse an zusätzlicher personaler Führungsarbeit an Mitarbeiter*innen	• Identifikationsschwierigkeiten mit agilen Werten • Ablehnung von größerer Entscheidungs- und Gestaltungsfreiheit sowie zusätzlicher Verantwortung • Mangelnde Veränderungsbereitschaft • Passivität durch Überforderung und Unsicherheit
	Top-Management	Personalmanagement
Unterstützungen	• Vorbildfunktion • Etablierung von passender Unternehmenskultur • Transformationen in allen Bereichen initiieren und vorantreiben • Frühzeitige und konsequente Einbeziehung von HR, Führungsebenen und Mitarbeiterschaft bei der Gestaltung des Entwicklungsprozesses	• Führungskräfteentwicklung durch Workshops und Austausch mit HR sowie Führungskräfte untereinander • Strategische Partnerschaft und Kommunikationsexpertise für Führungsebenen

von Führungskräften zugrunde und zeigt zusammenfassend die größten Barrieren, die sich in der Umsetzung agiler Personalführung ergeben können, sowie die wichtigsten Ansätze, die Barrieren einzudämmen und Führungskräfte zu unterstützen (eigene Darstellung).

Was Sie aus diesem *essential* mitnehmen können

- Agilität ist kein Managementansatz, sondern meint die Implementierung einer agilen Denk- und Arbeitsweise in der gesamten Organisation, weshalb agile Personalführung einen tiefgreifenden Entwicklungsprozess mit sich bringt
- Die größte Barriere liegt in der Einstellung der beteiligten Akteure im Unternehmen, insbesondere Führungskräfte und Mitarbeiter, die sich nicht mit einem agilen Mindset identifizieren können
- Entscheidend für eine langfristige Umsetzung agiler Personalführung ist die Unterstützung der Unternehmensspitze, die hinter dem Ansatz stehen und als Vorbild agieren muss
- Die Unternehmensspitze ist in der Verantwortung eine Unternehmenskultur zu gestalten, in der agile Grundsätze gelebt werden, so dass eine agile Führungskultur implementiert werden kann

© Springer Fachmedien Wiesbaden GmbH, ein Teil von Springer Nature 2019   35
G. Schiefer und H. Nitsche, *Die Rolle der Führungskraft in agilen Organisationen*, essentials, https://doi.org/10.1007/978-3-658-27437-5

Literatur

Bücher und Fachzeitschriften

Adkins, L. (2010). *Coaching Agile teams. A companion for scrum masters, Agile coaches, and project managers in transition*. Upper Saddle River: Addison-Wesley.

Anderson, K., & Uhlig, J. (2015). *Das agile Unternehmen. Wie Organisationen sich neu erfinden*. Frankfurt a. M.: Campus.

Appelo, J. (2011). *Management 3.0. Leading Agile developers, developing Agile leaders*. Upper Saddle River: Addison-Wesley.

Armbrüster, T. (2017). *Der Führungscoach. Führungskräfteentwicklung nach dem Fünf-Stufen-Modell*. München: Vahlen.

von Au, C. (Hrsg.). (2017). *Struktur und Kultur einer Leadership-Organisation. Holistik, Wertschätzung, Vertrauen, Agilität und Lernen*. Wiesbaden: Springer Fachmedien.

Blessin, B., & Wick, A. (2017). *Führen und führen lassen. Ansätze, Ergebnisse und Kritik der Führungsforschung* (8. Aufl.). Konstanz: UVK.

Claushues, J., & Hurtz, A. (2017). *Lean Leadership. Agiles Lean gelingt nur mit den Menschen*. Göttingen: BusinessVillage.

Dammann, G. (2007). *Narzissten, Egomanen, Psychopathen in der Führungsetage*. Bern: Haupt.

Dove, R. (2001). *Response ability. The language, structure, and culture of the Agile enterprise*. New York: Wiley.

Externbrink, K., & Keil, M. (2018). *Narzissmus, Machiavellismus und Psychopathie in Organisationen. Theorien, Methoden und Befunde zur dunklen Triade*. Wiesbaden: Springer Fachmedien.

Felfe, J., & van Dick, R. (Hrsg.). (2016). *Handbuch Mitarbeiterführung. Wirtschaftspsychologisches Praxiswissen für Fach- und Führungskräfte*. Berlin: Springer.

Fox, R. (2017). *Bionische Unternehmensführung. Mitarbeitermotivation als Schlüssel zu Innovation, Agilität und Kollaboration*. Wiesbaden: Springer Gabler.

Furtner, M., & Baldegger, U. (2016). *Self-Leadership und Führung* (2. Aufl.). Wiesbaden: Springer Gabler.

Geschwill, R., & Nieswandt, M. (2016). *Laterales Management. Das Erfolgsprinzip für Unternehmen im digitalen Zeitalter*. Wiesbaden: Springer Fachmedien.

© Springer Fachmedien Wiesbaden GmbH, ein Teil von Springer Nature 2019

G. Schiefer und H. Nitsche, *Die Rolle der Führungskraft in agilen Organisationen*, essentials, https://doi.org/10.1007/978-3-658-27437-5

Gloger, B., & Häusling, A. (2011). *Erfolgreich mit Scrum. Einflussfaktor Personalmanagement. Finden und Binden von Mitarbeitern in agilen Unternehmen.* München: Hanser.

Gloger, B., & Margetich, J. (2018). *Das Scrum-Prinzip. Agile Organisationen aufbauen und gestalten* (2. Aufl.). Stuttgart: Schäffer-Poeschel.

Gloger, B., & Rösner, D. (2017). *Selbstorganisation braucht Führung. Die einfachen Geheimnisse agilen Managements* (2. Aufl.). München: Hanser.

Graf, N., Gramß, D., & Edelkraut, F. (2017). *Agiles Lernen. Neue Rollen, Kompetenzen und Methoden im Unternehmenskontext.* Freiburg: Haufe.

Greßer, K., & Freisler, R. (2017). *Agil und erfolgreich führen. Neue Leadership-Kompetenzen. Mit einem agilen Mindset und Methoden Ihre Führungspersönlichkeit entwickeln.* Bonn: managerSeminare.

Hackl, B., & Gerpott, F. (2015). *HR 2020. Personalmanagement der Zukunft. Strategien umsetzen, Individualität unterstützen, Agilität ermöglichen.* München: Vahlen.

Hamel, G. (2013). *Worauf es jetzt ankommt. Erfolgreich in Zeiten kompromisslosen Wandels, brutalen Wettbewerbs und unaufhaltsamer Innovation.* Weinheim: Wiley.

Häusling, A. (Hrsg.). (2018). *Agile Organisationen. Transformationen erfolgreich gestalten. Beispiele agiler Pioniere.* Freiburg: Haufe.

Häusling, A., Römer, E., & Zeppenfeld, N. (2018). *Praxisbuch Agilität. Tools für Personal- und Organisationsentwicklung.* Freiburg: Haufe.

Hofert, S. (2016). *Agiler Führen. Einfache Maßnahmen für bessere Teamarbeit, mehr Leistung und höhere Kreativität.* Wiesbaden: Springer Gabler.

Hofert, S. (2018). *Das agile Mindset. Mitarbeiter entwickeln, Zukunft der Arbeit gestalten.* Wiesbaden: Springer Gabler.

Klaus, H., & Schneider, H. J. (Hrsg.). (2016). *Personalperspektiven. Human Resource Management und Führung im ständigen Wandel* (12. Aufl.). Wiesbaden: Springer Gabler.

Kotrba, V., & Miarka, R. (2017). *Agile Teams lösungsfokussiert coachen* (2. Aufl.). Heidelberg: dpunkt.

Lang, M., & Scherber, S. (Hrsg.). (2015). *Agiles Management. Innovative Methoden und Best Practices.* Düsseldorf: Symposion.

Lasnia, M., & Nowotny, V. (2018). *Agile Evolution. Eine Anleitung zur agilen Transformation.* Göttingen: BusinessVillage.

Lehnen, C. (2017). Macher mit Haltung. *Personalwirtschaft: Das Magazin für den Job HR, 11,* 6–9.

Lenz, G. (Hrsg.). (1991). *Die Seele im Unternehmen. Psychoanalytische Aspekte von Führung und Organisation in Unternehmen.* Berlin: Springer.

Lippmann, E. (Hrsg.). (2013a). *Coaching. Angewandte Psychologie für die Beratungspraxis* (3. Aufl.). Berlin: Springer.

Lippmann, E. (2013b). *Intervision. Kollegiales Coaching professionell gestalten* (3. Aufl.). Berlin: Springer.

Miebach, B. (2017). *Handbuch Human Resource Management. Das Individuum und seine Potentiale für die Organisation.* Wiesbaden: Springer Fachmedien.

Nöllke, M. (2016). *Psychologie für Führungskräfte* (2. Aufl.). München: Beck.

Panse, W., & Stegmann, W. (1996). *Kostenfaktor Angst.* Landsberg: Moderne Industrie.

Pink, D. H. (2010). *Drive. Was Sie wirklich motiviert.* Salzburg: Ecowin.

Ramsauer, C., Kayser, D., & Schmitz, C. (Hrsg.). (2017). *Erfolgsfaktor Agilität. Chancen für Unternehmen in einem volatilen Marktumfeld.* Weinheim: Wiley.

Redmann, B. (2017). *Agiles Arbeiten im Unternehmen. Rechtliche Rahmenbedingungen und gesetzliche Anforderungen.* Freiburg: Haufe.

Riedel, T. (2017). *Agile Personalauswahl. Erfolgreiche Vorstellungsgespräche im Kontext von Innovation und Vielfalt.* Freiburg: Haufe.

Rose, N. (2017). Hier und jetzt ist die Zeit für HR. *Personalwirtschaft: Das Magazin für den Job HR 11,* 10–11.

Scheinpflug, R., & Stolzenberg, K. (Hrsg.). (2017). *Neue Komplexität in Personalarbeit und Führung. Herausforderungen und Lösungsansätze.* Wiesbaden: Springer Gabler.

Scheller, T. (2017). *Auf dem Weg zur agilen Organisation. Wie Sie ihr Unternehmen dynamischer, flexibler und leistungsfähiger gestalten.* München: Vahlen.

Scherber, S., & Lang, M. (Hrsg.). (2015). *Agile Führung. Vom agilen Projekt zum agilen Unternehmen.* Düsseldorf: Symposion.

Schneck, C. (2018). *Coaching und Narzissmus. Psychologische Grundlagen und Praxishinweise für Management-Coaches und Berater.* Berlin: Springer.

Schuler, H., & Sonntag, K. (Hrsg.). (2007). *Handbuch der Arbeits- und Organisationspsychologie.* Göttingen: Hogrefe.

Sprenger, R. K. (2002). *Vertrauen führt. Worauf es im Unternehmen wirklich ankommt.* Frankfurt a. M.: Campus.

Sprenger, R. K. (2015a). *Das Prinzip Selbstverantwortung. Wege zur Motivation* (13. Aufl.). Frankfurt a. M.: Campus.

Sprenger, R. K. (2015b). *Radikal führen.* Frankfurt a. M.: Campus.

Stöger, R. (2018). *Prozessmanagement. Kundennutzen, Produktivität, Agilität* (4. Aufl.). Stuttgart: Schäffer-Poeschel.

Weiler, A., Savelsberg, E., & Dorndorf, U. (2018). *Agile Optimierung in Unternehmen. Das Unplanbare digital managen.* Freiburg: Haufe.

Elektronische Medien und Internetbeiträge

Agilemanifesto. (2001a). Manifesto for Agile software development. http://agilemanifesto. org. Zugegriffen: 12. Juni 2018.

Agilemanifesto. (2001b). Principles behind the Agile Manifesto. http://agilemanifesto.org/ principles.html. Zugegriffen: 16. Juni 2018.

Borgert, S. (2016). Agiles Projektmanagement. Agile Methoden sind nur die halbe Wahrheit. https://organisationshandbuch.de/de/agile-methoden-sind-nur-die-halbe-wahrheit/. Zugegriffen: 11. Juni 2018.

Capgemini Consulting. (2010). Change Management Studie 2010. Business Transformation. Veränderungen erfolgreich gestalten [E-Reader Version]. https://www.competence-site. de/change-management-studie-2010-business-transformation-erfolgreich-gestalten/.

Capgemini Consulting. (2017). Change Management Studie 2017. Culture First. Von den Vorreitern des digitalen Wandels lernen [E-Reader Version]. https://www.capgemini. com/consulting-de/resources/change-management-studie-2017/.

Dämon, K. (2017). Agiles Arbeiten. Wer nicht aufpasst, dem fliegt das Projekt um die Ohren. http://www.wiwo.de/erfolg/management/agiles-arbeiten-wer-nicht-aufpasst-dem-fliegt-das-projekt-um-die-ohren/19988386.html. Zugegriffen: 1. Juni 2018.

Fischer, S. (2016). Top-Thema Agilität. Definition Agilität als höchste Form der Anpassungsfähigkeit. https://www.haufe.de/personal/hr-management/agilitaet/definition-agilitaet-als-hoechste-form-der-anpassungsfaehigkeit_80_378520.html. Zugegriffen: 4. Juni 2018.

Fischer, S., Weber, S. & Zimmermann, A. (2017). Agiles HR-Management. Wie HR Agilität fördern kann. https://www.haufe.de/personal/hr-management/agiles-hr-management-in-der-agilen-organisation_80_425430.html. Zugegriffen: 23. Juni 2018.

Groth, A. (o. J.). Leistung durch Empowerment. https://www.leadershipjournal.de/aktuelles-zu-leadership/leistung-durch-empowerment/. Zugegriffen: 16. Juni 2018.

Häusling, A. (2016). Top-Thema Agilität. Die sechs Dimensionen der agilen Organisation. https://www.haufe.de/personal/hr-management/agilitaet/dimensionen-der-agilitaet-agil-werden-in-sechs-schritten_80_378526.html. Zugegriffen: 4. Juni 2018.

Hays & IBE Institut für Beschäftigung und Employability (Hrsg.). (2018). HR-Report 2018. Schwerpunkt Agile Organisation auf dem Prüfstand [E-Reader Version]. https://www.hays.de/personaldienstleistung-aktuell/studie/hr-report-2018-schwerpunkt-agile-organisation-auf-dem-pruefstand.

HR Pioneers (Hrsg.). (2017). Agiles change management [E-Reader Version]. https://hr-pioneers.com/2013/10/ebook-agiles-change-management/.

Kindler, S. (2016). Die moderne Arbeitswelt verlangt nach agiler Führung. https://www.haufe-akademie.de/blog/themen/fuehrung-und-leadership/moderne-arbeitswelt-agile-fuehrung/. Zugegriffen: 2. Juni 2018.

Olbert, S., Prodoehl, H. G., & Worley, C. G. (2017). Agilität als Wettbewerbsvorteil. Der Agile Performer Index [E-Reader Version]. https://www.goetzpartners.com/uploads/tx_gp/2017_goetzpartners_Agile_Performer_Index.pdf.

Rutz, B. (2017). Agile Leadership. Was agile Führung ausmacht. https://www.haufe.de/personal/hr-management/fuehrungsmodelle-agil-fuehren-lernen_80_212704.html. Zugegriffen: 4. Juni 2018.

Seitz, J. (2018). Agilisierung. Klassische und agile Strategien. https://www.haufe-akademie.de/blog/themen/fuehrung-und-leadership/agilisierung-klassische-und-agile-strategien/. Zugegriffen: 7. Juni 2018.

Sievers, J. (2017). Agile Transformation spielerisch mit Instrumenten begleiten. Spiele als Katalysator für das Lernen von Menschen und Organisationen. https://hr-pioneers.com/2017/09/agile-transformation-spielerisch-mit-instrumenten-begleiten/. Zugegriffen: 23. Juni 2018.

VersionOne. (2018). The 12th annual State of Agile report [E-Reader Version]. https://explore.versionone.com/state-of-agile/versionone-12th-annual-state-of-agile-report.